李学勤

罗哲文　俞伟超　曾宪通　彭卿云

诸子百家思想

李　默／主编

中华文明是人类历史上最伟大的文明之一，是人类文明发展的主要构成。中华文明丰富、深刻、辉煌、博大，在人类文明中的骨干作用和领导作用为人所共知。在人类文明的发源时期，中华文明就是四大古文明之一，是地球上文化的策源地之一。

广东旅游出版社
GUANGDONG TRAVEL & TOURISM PRESS
悦读书·悦旅行·悦享人生

中国·广州

图书在版编目（CIP）数据

诸子百家思想 / 李默主编 . — 广州 : 广东旅游出版社 , 2013.1（2024.8 重印）
ISBN 978-7-80766-457-4

Ⅰ . ①诸… Ⅱ . ①李… Ⅲ . ①先秦哲学—通俗读物 Ⅳ . ① B22-49

中国版本图书馆 CIP 数据核字 (2012) 第 297195 号

出 版 人：刘志松
总 策 划：李 默
责任编辑：张晶晶 黎 娜
装帧设计：盛世书香工作室 腾飞文化
责任校对：李瑞苑
责任技编：冼志良

诸子百家思想
ZHU ZI BAI JIA SI XIANG

广东旅游出版社出版发行

（广东省广州市荔湾区沙面北街 71 号首、二层）
邮编：510130
电话：020-87347732（总编室） 020-87348887（销售热线）
投稿邮箱：2026542779@qq.com
印刷：三河市嵩川印刷有限公司
（河北省廊坊市三河市杨庄镇肖庄子村）
开本：650×920mm 16 开
字数：105 千字
印张：10
版次：2013 年 1 月第 1 版
印次：2024 年 8 月第 3 次印刷
定价：45.80 元

出版者识

　　《话说中华文明》是一部全景式图文并茂记录中国文明历史的大书。出版者穷数年之力，会集各方力量——专家、学者、编辑、学术顾问们，在浩如烟海的历史档案、资料、著作中，探珍问宝，追寻中华文明在悠悠历史长河中的灿烂之光。此书的出版，凝聚了编撰者的心血，学术顾问们的智慧。尤其是李学勤先生，亲自动笔写下了序言，更增加了本书沉甸甸的分量。

　　中华文明的历史充满了辉煌与苦难，成就和挫折。它的历史无处不在，决定着我们中国人今天的思想和感情。当今的中国和中国人是中华文明的历史造就的，是中华文明的历史的延伸，也是它的一个组成部分，中华文明的历史之河奔流到现在。

　　中华文明是人类历史上最伟大的文明之一，是人类文明发展的主要构成。中华文明丰富、深刻、辉煌、博大，在人类文明中的骨干作用和领导作用人所共知。在人类文明的发源时期，中国就是四大古国之一，是地球上文化的策源地之一。在人类文明的早期，中华文明成为文明在东方的支柱，公元前后200年间，人类的汉帝国与罗马帝国这两只铁手攫住了地球。在欧洲进入中世纪的时候，中华文明更成为人类文明最主要的领导，它的文明统治东亚，传遍世界。进入近代，中华文明处于自身的重压和西方的欺凌下，但中国人民的斗争史和奋起精神是人类文明历史中不可缺少的一页。

　　五千年的中华文明为人类贡献出了从思想家孔子到科学技术的四大发明、从唐诗宋词到长城运河的伟大创造，贡献出了从诸子百家到宋明理学，从商周铜器到明清文学的深刻内涵，也贡献出了从五霸七强到三国纷争、从文景之治到十大武功的辉煌历史。中华文明的历史绚烂多彩，在人类文明的历史长河中永放光芒。

　　中华文明也是人类历史上最独特的文明，没有哪一个文明像中华文明这样持久，这样统一一致。世界上其他文明不但互相交错，其创造者也都与高加索体质的人种有关，它们是姐妹文明。在人类历史中，只有中华文明才是独特的，它的创造者是中国土地上的中国人民，与其他任何地方的人民都没有关系，它的文化是统一一致的文化，可以不依赖于其他任何文明而生存，但中华文明也绝不是封闭的，它接受他人的文化，也承担自己对于人类的责任。

　　人类进入新世纪，中国的社会经济发展令世人瞩目。人们对于世界未来的政治和经济结构的估计无不以东亚和太平洋为中心，而尤以中国为重点。

　　经济起飞只是当代中国的一个方面，中国的精神文明的建设尤为刻不容缓。如果中国要自觉地发展中华文明，要有意识地使中国的发展具有世界意义，就必须发展强有力的精神文化，这样才能使中华文明的发展进入一个新的阶段，才能形成中国和中华文明的全面现代化。

而中国的精神文化的发展植根于中华文明的伟大传统之中。进入近代之后，在西方文化的冲击下，对于中国文化的价值产生大量的情绪化和激烈冲突的论调。"五四"运动打倒孔家店的口号具有冲破封建束缚的时代意义，对中国文化的发展有不容否认的正面意义，与文化虚无主义是完全不同的。文化虚无主义者否定中国传统文化，在现代化的旗帜下主张全盘西化；而复古主义则沉迷于中国文化的古董，走进反进步、反科学的泥潭。

历史的发展则超越了所有这些论点，产生这些论调的一百多年来的中国近代史已经结束。历史要求中国发展，要求中国走在全世界发展的前列。西化论和复古论都已过时，历史已经要求世界超越西方，中国可以承担起世界的命运，而中国的现实和世界的历史都说明，中国的使命在于它的发展前进，而非倒退。

中华文明走出迷惘的时代，我们这一代处在一个伟大而具有挑战的历史阶段。

总结历史、展望未来，这就是《话说中华文明》的意义和使命。我们创作《话说中华文明》，力求总结和回顾中华文明的全貌，在内容和形式上都开创一个新的局面。在内容结构上，既具有一定的深度，又具有相当的广博性，既有严谨、准确的学术价值，又有活泼、流畅的可读性。我们在本丛书内容纳了中华文明的各个方面，使它综合了大规模学术著作的系统性、严密性和普及读物的全面性、简易性，它既可作为大型工具书检索中华文明的各个成分，又可作为通俗的读物进行浏览。

我们从上世纪90年代初起就开始思考中华文明的历史和现实问题，并逐渐形成了编著《话说中华文明》的设想。在开展这项庞大的文化工程之始，我们就聘请了国内权威学者李学勤、罗哲文、俞伟超、曾宪通、彭卿云诸先生担任学术顾问，他们对计划作了充分讨论，并审阅了大量初稿。我们聘请了广州、香港地区的社会科学学者、大学教师、研究生以及我社编辑人员几十人担任稿件的撰写工作。

通过创作这部书，我们深深地感受到了中华文明的博大精深，也感受到了它的内在缺陷。中华文明具有辉煌的时期，也有苦难的年代，有它灿烂的成就，也有其不足的方面。中华文明在自身中能够吸取充分的经验和教训，就能够使自身健康壮大，成长发展。

通过创作这部书，我们也深深感受到了出版事业的使命和重任。我们希望这部书能受到广大读者的喜爱，起到它所应当起的作用。为中华文明的反省、前进和奋起作一点贡献。

目 录

诸子百家思想

诸子百家思想

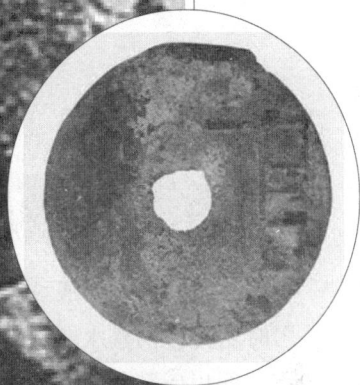

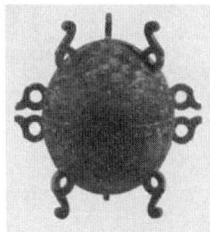

战国

嵌错宴乐水陆攻战纹铜壶

嵌错宴乐水陆攻战纹铜壶是战国时期的青铜盛水或盛酒器。1965年四川成都百花潭出土。壶高40.6厘米，口径13.4厘米，底径14.2厘米。圆形盖上有三个鸭形钮，壶侈口斜肩，鼓腹圈足，肩上有对称衔环兽耳。壶身遍饰错红铜的图案花纹和内容丰富的图像，分为三层作横向展开，每层之间以斜角云纹二方连续的装饰带相间隔。

嵌错宴乐水陆攻战纹铜壶图案

上层图像包括习射和采桑两方面内容。习射所表现的是东周贵族的礼仪活动。两人在屋内射箭，前面一人正引弓欲发，后面的人刚刚发射完毕，屋前的箭靶上已射中3箭，而其下方还有一组人正持弓箭鱼贯而来。下方的人实际上是处于前景位置，因平列画面难于表现前后景人物之间的透视关系，故处理成上下叠置的构图方式。表现屋内人物活动，则采用剖面画法。采桑的画面表现得相当优美，一组妇女提篮在林中采桑，有的攀坐于树上，人物之间动作相呼应。

中层图像包括宴乐和弋射两方面内容。宴乐活动描绘东周贵族钟鸣鼎食的生动场景。大屋中，两个佩剑着长服的人正举起觚类的酒器相酬应，其后有人在温酒，屋外有人正相向而来。其前方有丁宁、编钟、编磬等乐器，一组乐人正在演奏。旁边还有人在鼎旁炊食。弋射，箭头有倒刺，箭尾系绳可以回收，画面上表现一群鸿雁正掠过长空，几名射手仰天而射，被射中的雁带箭坠地，箭尾绳在空中划出动感很强的波状线。

下层表现的是激烈的水陆攻战场面。攻城画面表现一群战士携盾持矛，爬云梯仰攻，有的被守军砍翻滚落下来，后继者仍继续进攻。在城墙上，双方战士也在激烈搏杀，水战部分表现两只战船相向交战，船上插着战旗。交战双方战士紧握长戈、戟，长距离格斗，而船头交战的战士已处于生死存亡的最后一击之时刻，两船的水手奋力划桨，跃入水中的战士正准备出其不意地攻击敌人。嵌错宴乐水陆攻战纹铜壶表现出战国时代美术家高超的艺术水平，在绘画技巧还不发达的条件下，他们充分发挥平面铺展的手法，使作品发挥出最大的表现力。

嵌错宴乐水陆攻战纹铜壶。战国时期嵌错赏功宴乐铜壶及壶上的水陆攻战文饰，从中可以看出战国时期兵战的阵势。用生动写实的手法，以现实生活或礼仪活动为内容的图像、纹饰，是战国时期装饰艺术的一个重要特点。

商鞅刑太子师傅

周显王二十三年（前346），商鞅第二次变法，从经济上和政治上进一步剥夺了旧贵族的特权，损害了旧贵族的利益。因而，新法遭到旧贵族的激烈反对。变法令公布以后，以太子驷的教师公子虔和公孙贾为首的旧贵族代表，故意违犯法令，阻挠新法的推行。其后，太子驷也犯法令，商鞅认为"法之不行，自上犯之"，但"太子君嗣也，不可施刑"。所以，商鞅的这一举动维护了法律的严正，也推动了新法的推行，但得罪了太子，留下了后患。商鞅将公子虔处以割鼻刑，将公孙贾黥面（面上刺花）。

玺印产生并流行

春秋中晚期以后，玺印大量产生，并流行于各个地域各个阶层。玺印的产生及其普遍应用，与当时社会经济的发展有密切关系。首先是农业和手工业生产已有很大发展，铁制工具普遍应用，城市经济已经建立，许多国家都

诸子百家思想

（战国）■内师玺

（战国）■■大夫玺

（战国）连■师玺

（战国）乐阴司寇

（战国）春安君

（战国）上场行宫大夫玺

（战国）平阴都司徒　　　　　　（战国）邨都世　　　　　　　（战国）甫易都右司马

（战国）文枀西疆司寇　　　　　（战国）庚都丞　　　　　　　（战国）日庚都萃车马

（战国）尚玺玺

（战国）邟余子啬夫

（战国）敬膺之玺

诸子百家思想

（战国）区夫相玺

（战国）鄙邯都司工

（战国）大腐

（战国）左膺桁木

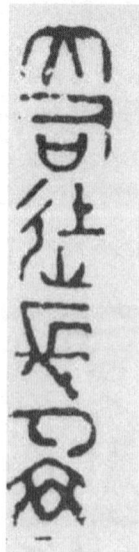
（战国）大司徒长勾玺

出现了较大的商业城市和中、小型集市，国家之间和城市之间的水陆交通皆有一定的发展。唯有在这样的经济基础之上，才能进行较大规模的货物交换和国与国之间的贸易往来。为了谋取商业利益，在频繁的交易中，就需要办理一定的行政手续，因而作为一种信物的凭证——玺印，应运而生。在两周时代，西周显然尚未达到如此的经济水平。春秋中叶以后，王室的势力衰微，各大诸侯国的经济力量均有不同程度的发展。例如齐国，不仅地广物博，而且鼓励人民经商，晋国商人，富比国君，郑国富商大贾更可直接参与政治，越国大将军范蠡，则弃官经商，成为巨富。

　　经济的发展，必然促进政治上的巨大变革。春秋中叶以后，是我国历史上一个急剧转变时期。由于生产力的提高，私有土地得到空前的发展，伴随而来的一个突出的变化，首先是传统的宗法制度和贵族间的等级制度遭到严重的破坏，从而使那些靠贵族血缘关系的世卿世禄制度，也随之瓦解。旧贵族的势力日益没落，新兴的地主阶级和相当于士一阶层的知识分子，得以参与国家机构的管理。但是，这样一些新的官吏，既不是名门贵族出身，又没有近亲的血缘纽带，全凭自己的才能或战功取得显赫的官职，因而必然会引起国君对他们进行种种控制，而他们则竭力摆脱控制，以维护自己的权利。这就需要有一种信物来体现他们同国君之间的从属关系，以及执行其职权的凭证。得到这种凭证，无论是对上下官吏，或同僚之间，均能互相保护和支持，得使平日政务顺利执行。这种凭证就是由国君授予官吏的官玺。据《韩非子》记载：西门豹初为邺县县令的时候，第一年，魏文侯很不满意他的政绩，而"收其玺"，即罢官缴玺。西门豹请求再让他继续留任一年，"愿请玺复以治邺"，后来西门豹在任内自己觉察到重敛了百姓，于是"纳铱而去"，即交回了官玺，辞去了官职，这说明在战国时代，官印已普遍使用了。

　　玺印的起源，还必须具备一个条件，即青铜工艺技术的发展。春秋中叶以后，青铜工艺发生了很大的变化，不仅发明了焊接技术，变浑铸为分铸，而且在雕琢花纹方面出现了捺印板的新工艺。这种青铜工艺方面的花纹印模，为玺印的发明提供了重要条件，可以说玺印就是在这种捺印板技术的启发下产生的。

　　玺印产生于战国之前，但主要流行于战国时代，现存先秦玺印基本上是战国印。

话说 中华文明

诸子百家思想

战国

338 B.C. 周显王三十一年

秦孝公卒，子驷立，是为惠文王。

秦杀商鞅，灭其家。但商鞅的新法在秦国保持下来。

尸佼逃于蜀。

337 B.C. 周显王三十二年

秦惠文王驷元年，楚、韩、赵、蜀赴秦朝新君。

思想家申不害卒。

336 B.C. 周显王三十三年

周天子贺秦新君。

秦初行钱。

334 B.C. 周显王三十五年

魏惠王与齐王会于徐以相王。

惠施相魏，庄周适大梁与惠施论学。

楚灭越，杀越王无疆，尽取吴故地。

332 B.C 周显王三十七年

齐、魏攻赵，赵决黄河之水灌之，齐、魏乃去。

331 B.C. 周显王三十八年

义渠内乱，秦庶长操将兵定之。

339 B.C.

罗马通过立法，承认平民议会通过之法案。

336 B.C.

波斯皇帝大流士三世即位，屡为马其顿亚历山大所败。

马其顿王腓力二世为其臣鲍萨尼亚斯所杀。亚历山大即位。

希腊哲学家、斯多噶派创始人基提翁的芝诺生。

338 B.C.

马其顿霸希腊。雅典、美加拉、科林斯俱向马其顿投降；斯巴达独拒绝投降，战败。

马其顿王腓力二世会希腊各邦于科林斯，命各国皆与马其顿缔结盟约。

335 B.C.

亚里斯多德返回雅典，并创建哲学的"逍遥学派"。

334 B.C.

亚历山大将步兵三万二千人，骑兵四千五百人，战舰百六十艘，向亚洲挺进，攻波斯，大败波斯兵于哥拉奈卡斯河滨。

332 B.C.

亚历山大转战而南，埃及望风而降，在埃及建立亚历山大城。

331 B.C.

亚历山大攻入波斯国都苏萨，波斯帝国瓦解。

战国正名之风兴起

　　《庄子·天下》记录的宋研、尹文是最早的正形名的人物。他们都认为名为物形的反映，这是最早的有关概念的内涵、外延、名称的划分。他们的以形为物之概念的内涵的观点具有很重要的意义。他们的正形名的要求本身是一个逻辑进步，但直接起源于对诡辩的反对，因而宋研强调正名的法则。在他们中，尹文由本体论（道）说了形的产生。但更重要的是，对于抽象概念（无形的名）他提出了"寻名以检其差"，也就是取其外延的形

战国二人猎鹿扣饰。透雕（背部有一齿扣供装置）表现射猎活动。蛇作为土地即社神的象征和沟通者，显示了器物作为随葬品通神的宗教意义。

的公分母的方法。他把名（概念）分为三科（体词与谓词的不正确分类），他分谓词为名（体）与分（谓，相当于形，内涵），指出了二者的分离。

　　彭蒙、慎列、申不害、尸佼等人对正名的方法及其本体论来源有很多议论，现在保留的不多，但可以看出他们走向形而上学化和琐碎化。相反，留传下来的是以诡辩吸引人的惠施和公孙龙的东西。

　　正名思想在战国的兴盛与儒、道两家有关，孔子、孟子的正名论是一种政治和伦理工具，老子从其本体论出发要去辩正名，庄子从其相对主义认为辩不如不辩，法家也从法制角度强调了正名。

　　在正名（其实是正实）中采取什么原则，各家所用不同，儒法也以具体正名为主而少理论。

　　实际上，惠施的"合同异"已不止是诡辩，而是概念的任意过渡，但在他的具体论述中可以发现，他在名、实、物、种、属几种不同的东西之间转换，

虽然把它们都作为实物是错的，但至少说明他已对它们有较熟练的掌握。

战国时代以正名为主导的对于名与实、形与物、种与属（当然在战国它们叫不同的名字）的研究达到了相当高的水平，并且与本体论和政治功用联系了起来。

尸佼卒

约前330年，尸佼卒。尸佼又称尸子，鲁人（一说晋人）。秦相商鞅曾向他学习。他曾经参与商鞅变法，商鞅被诛，他即逃往蜀地。尸佼主张法治，首创"名"与"法"的观念，提出了"赏罚随名"的思想，在民法上具有重要作用。尸佼不仅是一位法律思想家，而且是一位天文学家，他提出了星辰东起西落、地球从西向东转的地动说。他的这些重要思想都是十分有价值的，本人又是一位社会活动家。尸佼是我国思想家中值得重视的一位。世存《尸子》一书传为尸佼所作，但其中有多少尸佼本人的思想已无法辨认。

樛斿之相秦

樛斿之相秦惠文王，并于秦惠文王四年监造兵器。秦惠文王时的秦国相邦戈于史无载，此戈的出现填补了史书的空白。此戈时代，无论从器形或刻辞中的用语等分析，均代表早期作风，从字体方面来说，不能早过秦孝公时代。而孝公以下秦王、孝文王和庄襄王没有四年，

战国祭祀人物扣饰。透雕枳柱前，一赤身男子（人牲）正被一人往柱上绑缚。牛颈缠绕着粗大的缆绳，牛角上还吊着一个用作牺牲的儿童。它们当是象征社神（土地）和幽冥沟通的灵物。巫师握牛尾，冥顽的表情与人牲挣扎扭曲的形象对比鲜明，突出了杀牲祭祀的宗教威慑作用。是难得的古代纪实性的雕塑作品。

武王、昭王和始皇四年所相都不合，只有惠文王前后两个四年，所相失载。此戈当做于秦惠文王的第一个四年，即前334年。

赵国修筑长城

赵肃侯是一位热心于营造的国君，他在位的中期即修建寿陵。前333年，他在位第17年，赵军围攻魏的黄（今河南内黄西北邑），不克，遂在今漳水、滏水（今滏阳河）之间修筑长城，据推测，赵肃侯可能是利用漳水、滏水的堤防连接扩建而修筑长城的。从当时列国形势来看，赵国的这条长城大体上是从今河北武安西南起，东南行，

赵国长城遗迹

沿着漳水到今磁县西南，再折而走向东北，沿着漳水到达今肥乡以南的地区。这条长城称为赵国的南长城。此后，在赵武灵王时期，为了防备东胡、匈奴、林胡、楼烦等的侵扰，赵国还修筑有北长城。这些长城的修筑对于赵国的巩固产生了积极作用，并且成为后来北方长城的主干。

燕国长城遗迹

011

诸子百家思想

中山国鸭形陶尊

　　河北平山县中山王错墓出土的鸭形黑陶尊，是战国中晚期器物。器形模仿野鸭形象，上有高顶圆钮盖，小口直唇，球形腹，平底，一对短腿蹼足。前有鸭头为流，后有鸭尾为鋬。器表以压磨光亮和压划花纹为装饰，古朴典雅，造型如鸭之蹒跚而行，十分可爱。它说明战国中后期的雕塑已突破了西周时讲究对称、神秘的束缚，向着生动活泼的方向发展。

战国鸭形黑陶尊。明器，器形模仿野鸭形象。上有高顶圆钮盖，小口直唇，球形腹，平底，一对短腿蹼足，前有鸭头为流。器表以压磨光亮和压划花纹为装饰。古朴典雅，造型如鸭之蹒跚而行，十分可爱。

惠施相魏

　　魏惠王鉴于魏国战事频繁，国力受到很大损害，就以谦恭的礼节和丰厚的金钱招揽各方有才能的人。前336年，邹衍、淳于髡、孟轲都到了魏国，各种人才齐聚魏。

　　孟子对惠王建议"君不可言利"，"上下争利，国必危"，并不为惠王赏识，而惠王见了淳于髡后，曾"语

战国舞队俑。陶俑作为随葬明器，始于春秋时期。这一队战国陶舞俑，制作朴拙，各有所姿，随手捏成，不假做作，纯真可爱，十分难得。

三日三夜不倦"，并想请他任卿相，淳于髡谢绝了。

前334年，魏惠王任用惠施为相。惠施是宋人，相魏十三年，他根据当时诸侯势力对比，提出"变服折节而朝齐"、"以魏合于齐楚以按兵"的主张，以使魏国摆脱受攻地位。宋国蒙（今河南商丘东北）人庄周与惠施友善，曾到魏都大梁（今河南开封）与他论学。

魏王采用惠施的计谋，促成了齐魏"会徐州相王"，并因此引发了赵伐魏、楚伐齐的战争。

鸿沟水利工程动工

前339年，魏国在都城大梁（今河南开封）北郭开挖大沟，连接圃田（古代著名湖泊之一，在今河南中牟县西），使之与黄河至圃田之间的运河相接，引黄河水灌溉农田。此为鸿沟水利工程的北段，也是最早开凿的一段。后经各国陆续开凿，终于完成战国时期中原最大的水利工程——鸿沟。

鸿沟古河道遗址，河沿大堤仍依稀可见。

鸿沟的主干，从今河南荥阳以北，与济水一起分黄河水东流，经魏都大梁折向东南，流经陈国的旧都（今河南淮阳），在今沈丘附近注入颍水，颍水又下流注入淮水，从而沟通了黄河与淮水。鸿沟又有丹水、睢水、涉水三个分支，丹水从大梁东流直到彭城（今江苏徐州），再注入泗水；睢水在大梁以南分出东南流，经过宋都睢阳（今河南商丘东南），经今安徽宿县、江苏睢宁以北，注入泗水；涉水也在大梁以南分出东南流，经过蕲（今河南宿县南）注入淮水。鸿沟的设计与开凿，巧妙顺应东南部比较低下的地势，构成了济、汝、淮、泗之间的水道交通网，显示了当时水利工程技术水平的进步。

秦惠文王威逼六国

秦惠文王杀商鞅，但并没有废除其法律，并继续执行改革，使秦国国力进一步发展，成为比六国更大的一股势力。前337年，秦惠文王即位，楚、韩、赵、蜀等国派使者入秦，朝见新即位的惠文君。次年，周天子派人前来祝贺，其后又派人送来祭祀周文王、武王的胙肉。诸侯及周天子朝贺秦国新即位之君，表明秦国已摆脱被视作夷狄，不得与中原诸侯会盟的卑下地位，以自身的强大，跻身于战国七雄之列，得到与中原诸侯相同的礼遇。

此后，秦惠文王致力扩张秦国的势力和扩大秦国的版图。前335年，秦国伐韩，攻占宜阳（今河南宜阳西）。前333年，秦惠文王任用魏阴晋人公孙衍为大良造，图谋对魏国用兵。两年后（前331），义渠发生内乱，秦派庶长操带兵前往平定。内乱后，义渠势力转弱。秦国借平定义渠内乱之机，进驻军队，逐渐取得对义渠的控制，使后方得以安定，随后开始对魏国的大规模进攻。前330年，秦国分南北两路向魏国大举进攻，北路由大良造公孙衍统率，直攻魏国雕阴（今陕西甘泉南），击败有四万五千人之众的魏军，俘获主将龙贾，攻克雕阴。南路则包围曲沃（今河南三门峡市西南）、焦（今三门峡市西）。魏国迫于军事压力，献河西之地向秦求和。秦不仅未减缓攻势，反而于次年乘势渡过黄河，攻占魏国的汾阴（今山西万荣西南）、皮氏（今山西河津西）；曲沃和焦也被攻克。秦惠文王威势更直逼六国。

战国龙凤玉佩。系用五块白玉石分别雕琢成龙、凤、璧环形饰件，共为十六节。其中除有六节成双外，其余多不相同，或大小有别，或形状各异。各节饰件的两面或一面雕有花纹，共雕出三十七条龙，七只凤鸟和十条蛇。以三个椭圆形活环将十六节玉饰连成一串，可摺卷。活环上均有榫头和铜销钉，可以装卸。

齐魏会徐州相王·楚齐徐州之战

齐魏徐州相王是继夏王之后又一宗自居列强之上称王的事件，战国时代合列的潮流越来越明显。

前334年，魏国因在齐、秦等国接连进攻下遭到失败，迫于当时形势，采取与齐国会盟修好的策略，但并未由此忘记与齐的宿怨，时刻思报马陵之仇。魏惠王任用惠施为相后，曾表示至死不忘与齐国的怨仇，并准备发全国之兵攻齐。惠施认为，在国家新败、缺乏守战之备之时，发兵攻齐并非良策。他建议魏惠王换下王的服饰，前去朝见齐君，尊齐君为王，以激怒楚王，挑动楚与齐交战，楚若打败齐，也就是替魏国报了仇。魏惠王采纳其建议，派人通过齐相田婴表示，魏愿称臣并朝见齐君。齐臣张丑认为，接受魏国称臣、朝见，会引起秦、楚嫉妒，而楚王又好用兵，并追求声名，必将给齐国带来祸患。田婴不听张丑劝说，答应了魏国的请求。魏惠王遂带领韩国和其他小国国君，到齐的徐州（今山东滕县东南）朝见齐君，尊其为王，遂称齐威王；齐威王也承认魏惠王王号，史称"会徐州相王"。齐、魏自居于诸侯之上的做法，引起别国不满，导致了次年赵伐魏、楚伐齐的战争。

前333年，楚威王亲率大军攻齐，包围齐国的徐州，与楚国交好的鲁国也发兵助攻。对此，齐威王很忧虑，他采纳张丐的建议，派他劝说鲁国退兵，同时加紧与魏国的联系，争取救援。张丐抓住小国无力与大国单独对抗的弱点劝说鲁君，与其在交战前站在某一方，去冒胜负得失难料的风险，不如等两大国交战后再随强击弱。鲁君认为他说得有道理，便率师退走。而魏国为报仇，明里让董庆作人质，与齐国相约共同击楚，暗中则派使者到楚，表示站在楚国一方。齐威王见鲁师已退，魏人又表示相助攻楚，便派申缚带兵与楚交战，但魏国并未如约出兵，齐国大败。齐相田婴对魏国违约十分愤怒，想杀死作人质的董庆。有人劝田婴，楚国大败齐军，而未深入进攻，就是怕魏国从后方夹击；如果杀死董庆，等于告诉楚国：魏国不会来救助齐国，魏国则会因人质被杀而大怒，转而与楚国联合，那样齐国就危险了。因此，不如继续与魏国保持友善关系，使楚国生疑而不敢深入进攻。田婴听从其劝说。楚威王虽然未再继续进攻，但对助成齐、魏相王的田婴十分恼恨，必欲将他驱逐出齐国。齐臣张丑闻讯后，前去见楚威王，给他分析了驱逐田婴的利害关系：田婴被逐后，就会让有作为的田蚡继任齐相，田蚡必然要重整士卒与楚交战。楚威王听后，打消了驱逐田婴的念头，班师回国。

商鞅被处车裂之刑

诸子百家思想

商鞅在秦孝公支持下，在秦国实行变法，取得较大成效，一跃而入战国七雄之列，奠定了秦统一中国的基础。但是，变法从经济上、政治上剥夺旧贵族特权，损害了他们的利益，触犯法令的贵族甚至要受到刑罚。连太子驷犯法，也由其师傅公子虔、

商鞅像

公孙贾代受刑罚，因此宗室贵戚十分怨恨。前338年，秦孝公死。秦惠文王即位后，公子虔之徒诬告商鞅谋反，又有人用左右大臣权势太重、国君的地位就危险的道理劝说惠文王早作决断。秦惠文王遂下令逮捕商鞅。商鞅逃至关下，想住进客舍，主人见他无官府凭证，不敢留他住宿，因为按商鞅之法，收留无凭证之客住宿，与之同罪。商鞅又逃到魏国。魏人怨恨他曾诱擒公子卬，大破魏军，不肯接纳，并将他送至秦国境内。商鞅逃回商邑，聚集邑兵攻郑，但寡不敌众，商鞅被秦兵杀死在彤，又被处以车裂之刑，尽灭其家。

秦人的兴起被儒家和没落的六国视为实利和强力，从文明发展上讲，秦人做的远比没落的精神贵族和世俗贵族说的多。商鞅变法是中国文明的一个大跃进，作为一个政治家他贡献给中国文明很多的东西。

即使是他的比较一般化的东西也为新的生产关系提供了保护，他的新法从根本上铲除了宗族制，分居制提高了劳动力，也在法律上保护了个体的权利。他对无军功贵族的抑制和革除游牧民族遗风都有进步意义。

他开始有意识地朝大规模的统一政权发展，民户什伍制、军功制、独占工商业、郡县、开阡陌、统一度量衡及耕战生活方式的确定都不只是实利问题，而是有组织的大规模帝国文明方式的开始。

应当注意到，在这之前的各种文明观念都是小国寡民时代的。孟子的仁政正如斯巴达风格的社会模型一样只适用于小国或小城邦，对于大规模文明没有价值。

在今天，社会的发展使得人们不可能不认识到，社会性的知识、组织、工程和技术是社会进步的一个重要方面。在对古代中国的社会政治思想的评价上，这一点也是重要的。秦的文官制、大规模战争、水陆交通设施的建设、大型水利工程的进行都代表着在战国末年，社会生活已进入一个新的时代，实际上，稷下学派、合纵连横、各国大型水利工程都表明文明已经有了新的形式，孟子的仁政、墨子的非攻、纵横家的策术都是小国的政治。秦国创造的形式是文明的真正进步。

战国立鸟镶嵌几何纹壶。此器通体饰以繁复的花纹，有错银的蝠纹、斜方格和三角云纹，绿松石组成的大锯齿纹和斜方格纹并杂以鎏金的圆泡。工艺精美，是战国青铜器中的代表作品。

战国立鸟镶嵌几何纹壶局部

但更重要的是他们把一种制度推向全社会。秦人对中国的征服有着其内在的力量，他们的大型水利工程也表现了同样的气魄，这在战国早期是不容易见到的。秦人使战争变成了一种总体战，不但规模大（动辄几十万人），而且是总体战。

惠施提出十命题

惠施是一位杰出的政治家，但他更为人所知的是他作为战国时期名辩思潮中"合同异"学派的主要代表人物，他非常博学、善辩，经常与庄子相辩，《庄子·天下》篇记载了惠施为强调事物的异中之同，纠正人们往往只见事物的差异性而忽视同一性的偏颇，提出了"历物之意"的十个命题。

一是"至大无外，谓之大一；至小无内，谓之小一"。二是"无厚不可积也，其大千里"。三是"天与地卑，山与泽平"。四是"日方中方睨，物方生方死"。五是"大同而与小同异，此之谓小同异；万物毕同毕异，此之谓大同异"。六是"南方无穷而有穷"。七是"今日适越而昔来"。八是"连环可解也"。九是"我知天下之中央，燕之北、越之南是也"。十是"泛爱万物，天地一体也"。其中一、五、十是惠施的主要命题，集中表述了惠施的哲学和逻辑思想，体现了"合同异"的思想特色。

第一个命题是讲宇宙空间的无限性和相对性，惠施对"一"作了两极的极度分解："大一"可以大到无所不包，"小一"可以小到不能再分割。这实质上触及到宇宙宏观的无限大和宇宙微观的无限小的问题，具有较高的理论价值，推进了人类辩证思维的发展。第五个命题是讲事物之间整体与部分的"同""异"关系，例如牛、马和人都属于动物大类，这是"大同"，而牛和马又是动物中的兽类，这是"小同"，但牛与马之间又有差别。可见人与牛、马之间既有差别又有同一性。据此惠施把事物这种同异关系推及宇宙万物，找到它的"同"和"异"。从万物都作为物这一点来看，是"毕同"。但就其各自作为特定的事物而言，物与物之间总有差别，可以说是"毕异"。这种宇宙万物的"毕同"、"毕异"，就是惠施所谓的"大同异"。惠施的"合同异"思想，表明他看到了事物的差异之间也有其同一性，并且猜测到物质世界既统一又多样，这是辩证思维的方法。但惠施在论述问题上特别强调事物的差别是相对的，相同才是绝对的，如此"同"与"异"就会成为完全不确定的概念，容易陷入相对主义。第十个命题是惠施思想的总结。因惠施思想的基本倾向是合"异"为"同"，万物都有"毕同"的一面，并具有绝对性，就应对万物一视同仁地看待，应无差别地"泛爱万物"。

"历物之意"中的其他一些命题则是"合同异"这一基本思想的具体运用。第二、三、六、九等四个命题是讲空间的相对性，四、七两题则涉及到时间上的相对性，命题八是对当时流传的"连环不可解"看法的反驳。

惠施的十命题是战国时代哲学和逻辑学的重要成就之一，是战国思想、学术繁荣的结果，其思辩性和逻辑技巧一直未被后代超过。

战国垣字环钱。战国时期的货币，随着布币和刀币的演进，产生了呈圆形的"环钱"，又称"圆钱"。环钱流通于除楚国以外的广大地区。是承上启下的一个重要货币种类。

秦初行钱

前336年，秦国开始统一铸造铜币，流通于市。铜币形制为无郭圆钱，有"一珠重一两"、"半两"等种，以两为重量单位。"圆钱"与"刀"、"布"等同为货币的一种，但"圆钱"对后世币制影响很大，"圆钱"被一直沿用下来。

战国时期货币流通示意图

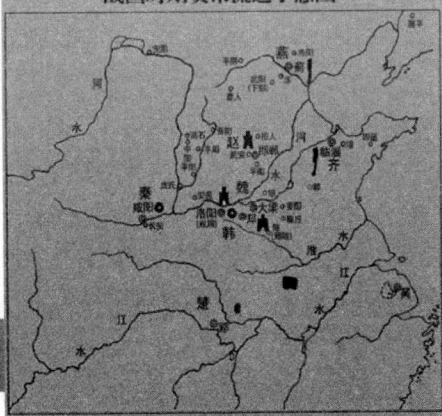

齐国刀币

刀币是由古代的石刀演化发展出来的。刀币的流通地区是齐国、赵国和燕国的部分地区，而以齐国最为典型。齐国专门使用刀币，其刀币形制较大而币头较小。齐国刀币中，齐国故都临淄出土的一件"齐大刀"刀币是用颇为先进的叠铸法铸成的，非常珍贵。

楚国使用黄金铸币

齐国的"安阳元大刀"五字刀币

楚国爰金在战国时代大量使用，成为当时主要黄金铸币。黄金质量均一，价值稳定，耐久耐磨，又可以任意分割，携带贮藏方便，比珠玉、龟贝、刀布、绢帛都要优越。黄金的单位价值高，比各种铜铸币更适合于高额交易。因此，随着春秋战国时期货币经济的发展，黄金开始成为货币。

目前已知最早使用黄金铸币的是楚国。楚国铸造的爰金以若干小方块连在一起，中间有格，以利切开，每一小块为一标准单位，也可在使用时临时称量。后黄金成为全国通行的标准货币，其单位有斤（16两）、锰（20两）和金（一块黄金）。春秋战国时期，诸侯割据，政制不一，布、刀、钱、贝等货币都是区域性货币，难以促进经济进一步发展，而黄金在全国各地的通行不仅极大地促进了各国间的商业交往和各国经济政策的改革，而且促进了全国政治统一的形成，甚至影响到社会习俗与观念的变化。

战国爰金。爰金，是春秋战国时期出现的黄金货币，以锰（二十两）、斤（十六两）计量。币中印有"郢爰"或"陈爰"等字样。"郢"为楚国都城（今湖北江陵县），"爰"是古代重量名称。"爰金"流通于南方楚国地区，是中国最早的黄金铸币。

楚国流行简策

战国时代楚国大量使用简策，现在考古所见先秦简策都是楚国的，虽然这与楚国防腐技术有关，不能说北方各国不使用简策，但楚国的简策是极其重要的。

简策是中国早期的书籍形式之一。在造纸技术发明以前，中国古代书籍主要是用墨写在竹木简上。人们将竹木劈

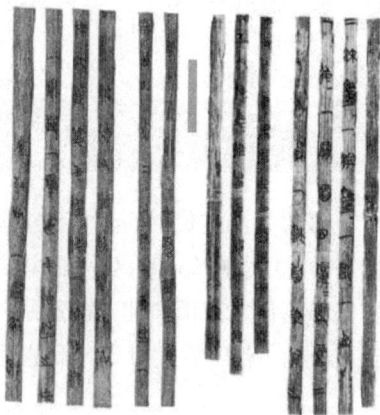

楚国竹简

成狭长的细条，经过刮削整治后在上面写字，单独的竹木片叫做"简"。若干简编连起来就叫做"策"（亦写作"册"），这是现在称1本书为1册书的起源。中国先秦时期的古籍，最初就是写在简策上而流传下来的。

战国时期的简策现代发掘只出现于楚国，如《信阳楚简》，出土于河南省信阳市北，出土的竹简共分两组，一组存470余字，内容是一部古佚书，其中记述有周公所说的一段话。另一组共29支，内容是记录随葬品的清单。

简文字体与长沙仰天湖楚简大体相同，也是战国时代的楚国古文。字体

呈方形，结构紧密，用笔平缓而流畅，笔划匀称，表现出一种挺拔的书写风格，有较高的艺术价值。

战国文字异形局面形成

经过春秋至战国数百年的分化发展，战国时代各国形成了不同的文字风格和形体体系，对当时的文化、政治产生了影响。

秦文字的保守性是非常强的，在文字的结体与风格上，都还保留着中周以下的特点，与其他各国迥异。到了战国中期以后，俗体一类的写法也有侵入到秦文字中，都是后来产生秦隶的因子。但秦文字的

战国文字比较

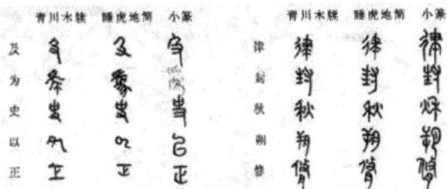

战国文字比较

俗体字发展的趋势，事实上已将篆文的圆笔拉直，使形体变为平直正方（见秦简牍与小篆对比例），这也是汉字后来发展的趋向。

楚系文字在战国中期以后的书风趋向却是笔势圆中有方，结体不平不直，内圆外方。代表的书体是楚帛书，这种风格在出土的望山简、包山简上也明显地反映出来。

对于燕国的文字，我们目前所能看到的材料主要是兵器与玺印之类。这两类材料的性质，由于与燕国的正体字应该有一段距离，就现有的材料对燕文字下结论，无疑尚为期过早。

中原大国在文字书写系统中所表现出来的则是彼此参杂、交互影响的线索。当我们用历时的方法去检查齐国的文字材料时，并不太容易掌握它的演变，譬如陈喜壶与陈逆簠年代相近，但风格不类。陈贻簠盖那种较疏阔的书风，跟它前后的标准器比较，表现得很不协调。

春秋中期以后，在南方和东方的一些国家，逐渐流行一种狭长的字体，非常美观整齐。譬如吴王光鉴、王孙遗者钟等。甚至齐的邾公华钟都有这种倾向，只是没有吴、楚等南方国家那么诘曲。而在北方的晋国，有另一种风格的字体

兴起，如著名的智君子鉴、尊子鸟尊等。这些器上的铭文笔划中丰末锐，与侯马盟书、温县盟书用毛笔所书的字体相近，这大概就是所谓蝌蚪文。在过去历史上曾出土过的战国文字材料，古人曾称为蝌蚪，相信就是类似的风格。其实这应该就是春秋战国之际在北方流行的文字。从智君子鉴、吉日壬午剑上的形体风格，可以与齐国的禾簋相比较。后者明显是受到了晋国这方面风格的影响，否则我们也不容易解释齐国这两件标准器的特征是怎么来的。

上面提到南方那种狭长的风格与北方这种中丰末锐的特色在战国中期的器上，有明显的反映。十四年陈侯午敦与韩的哀成叔鼎为什么那么相近，主要是南、北风格在战国中期交汇所产生的影响。而中山王错鼎与方壶上的字体风格，更明确地指出了这种审美趣味的合流。中山王错诸器字体狭长，而笔划却中丰末锐。它们与十四年陈侯午敦的差异，只在于后者没有那么过分强调这种特点而已。这种书风的影响是巨大的，在战国中晚期的楚国器物中也有明显受到这种风气影响的例子。如秦王钟那种笔意，跟同期的鄂君启节、曾姬无恤壶等完全不同，而与齐、晋风格相呼应。

春秋战国时期的书体风格，大致可分为两个阶段。前阶段是南、北的差异，后阶段是东、西的异同。秦国僻处西陲，在早期完全是闭关自守，不与中原诸国相交往，故此保留着宗周文字的纯洁性。在五霸争雄的年代，南北交汇的情况相当普遍，这使战国中期以后，南北文字风格、结体多有互相影响的地方。而秦自穆公以后，才开始打开自守的局面，到孝公变法以后，由于国势强大，与中原诸国战争、合盟的机会多了，才开始受东方文字的影响。但由于保守的风气，本身的书风并没有大变。

然而，战国时代文字书写系统是不可能真的杂乱无章的，否则便不能满足社会交际的需要。因此，关于战国时期"文字异形"的说法，是一个被混淆了的概念。它已不是专指某一时期、不同地域上文字结体与书法风格的差别，而是对整个时代文字书写系统的一种印象式的概括。这种印象主要来源于几个方面，这当中既有地域性的不同，也有时代的先后，以及书写工具所反映书风上的差异，更有来自不同书手、不同书写态度和习惯所导致的变素。当我们后人将这两百多年的文字材料不加区分地压在一个平面上来看待时，就会被这些复杂纷乱的材料所迷惑，从而得出战国时代"文字异形"非常严重的结论。这种结论容易引起误导，使人们忽略了文字书写体系中更为重要的共性，即存在相对稳定和趋同的一面，这便是我们从标准器题铭中所得到的一点启示。

所谓正体就是在比较郑重的场合使用的正规字体，所谓俗体就是日常使用比较简便的字体。战国时代文字异形其中一方面的表现，是由于俗体字大量增加。俗体的大量出现，反映当时使用文字的频繁。这与社会生产力的提高、商品交换的发展等因素是分不开的。由于文字被广泛地使用，使用者的阶层、文化背景并不一致，这对传统的正字造成很大的压力。由于俗体讲求简易速成，简化、草率的字增加，成为文字书写系统中容易引起变异的因素，而发展的方向则是愈来愈简化。

大体上说，铜器上的铭文与简帛、兵器上的文字可分别看作是正体与俗体的代表。由于铜器本身铸造的性质，其目的是为了垂示后代、褒扬祖先功勋或使用于祭祀，所以字体庄重典雅，不敢草率。然而由于尊古要求，文字保守性强，不一定能代表当时日常应用时所写的字体。相反，简牍、帛书等材料是为了日常生活的需要，如记录、书信、书籍誊抄，往往以方便简易为主，常有急就草率的情况。在这类材料中所保留的字体，很能反映当时文字结体以至书写风貌的真相。而在这类材料中，俗体字出现的较多。

秦始皇统一天下后所推行的书同文政策。古籍记载"李斯乃奏同之，罢其不与秦文合者"。秦始皇确实意识到一个统一的国家，在制度、文字上的统一是必需的。而东周以来的乱局面，尤其需要在天下一统之后，来一个整体的统一，于是从丞相李斯之请，以秦代的正体篆书来划一文字。然而，从现存的小篆材料（几块碑）与铜器、诏书看，这种正体推行是值得怀疑的。我们试将公元前三百年左右的青川木牍与统一天下时的睡虎地简加以比较，从字体结构到书风都变化不大，而与小篆差异却不小。秦始皇是意识到统一文字的历史潮流，但却选错了用来统一的工具——小篆。事实上，战国中期以后，各国的文字都有趋于简化、统一的趋势。从目前可看见的简牍、帛书材料看，虽然秦、楚在书风上迥异，但字体在简化与线条化方面，所走的路却是极相似的。青川木牍在那么边远的地方被发现，上面已有大部分形体为以后的隶书所接受。可见民间俗体走上历史舞台已是大势所趋。即使最后秦隶不能因为政治上的胜利而登上历史舞台，统一整个文字体系，在六国文字体系中也会有一种类似的书体最后能代替传统的正体，划一文字。这种看法是符合当时的情况的。可以这么说，秦代事实上并未能靠其强大的政治力量来统一文字，反而，是在其统治的基础上，由民间的俗体古隶最后统一了文字。而六国流行的俗体也并不是猝然而亡，从汉初简帛上的隶书可以看到，六国俗体的成分，仍是加入在秦汉古隶之中，汇集而成为新生的今文字，并最后取代了古文字。

战国

诸子百家思想

329 B.C. 周显王四十年

秦王与魏王会于应。

宋公子偃攻袭其君剔成，剔成败奔齐，偃自立为宋君。

328 B.C. 周显王四十一年

秦以张仪为相。

325 B.C. 周显王四十四年

秦初称王。

323 B.C. 周显王四十六年

秦相张仪与齐、楚会于医啮桑。

韩侯称王，楚君称王，燕君称王。

魏公孙衍（犀首）倡议魏、韩、赵、燕、中山五国互相称王。

楚怀王六年，颁发给鄂君启以水陆通行符节，即现存之鄂君启节青铜器。

322 B.C. 周显王四十七年

秦相张仪免，仪出相魏。

321 B.C. 周显王四十八年

张仪复相秦。

329 B.C.

亚历山大征服巴克特里亚（大夏），进兵索格底亚纳（康居），过阿姆河，取道东北方，直达锡尔河上。

328 B.C.

亚历山大既灭波斯，命群臣行波斯朝仪，以神自居。

327 B.C.

第二次萨谟奈战争（前327～304）。战争初期，罗马又遭惨败。至前305年，罗马人大败萨谟奈人。

326 B.C.

二月，亚历山大侵略印度。

325 B.C.

亚历山大命令其海军将领涅阿尔霍斯探测印度洋、波斯湾和幼发拉底河。

323 B.C.

印度摩揭陀国王族旃陀罗笈多学习希腊人战术，自立为王，是为孔雀朝之始。

六月十三日，亚历山大死于巴比仑，年三十二岁。部下立其遗腹子亚历山大四世与其弟腓力三世为王，同时即位。

雅典人起义，恢复希腊同盟。

欧几里得作《几何原理》。

322 B.C.

马其顿毁灭雅典舰队，以后永未恢复。

公孙衍发起"五国相王"联合抗秦

周显王四十六年（前323），魏、韩、赵、燕及中山为联合抗秦，采取"五国相王"的行动。

从周显王中期开始，秦国由于商鞅变法国势日益强盛，又采纳张仪的建议，实行"连横"策略，使秦国对于东方诸国呈现出咄咄逼人的形势。这个时期的魏国自从马陵之战惨败于齐之后，其国势已从鼎盛趋于衰落。从地理位置上看，魏国首当其冲是秦东侵的主要目标。为了对付强秦的威胁，魏惠王采取十分积极的态度，展开频繁的外交活动以拉拢邻国。周显王四十四年（前325），魏惠王与韩宣惠王在巫沙相会。同年，魏惠王与韩宣惠王携太子入朝于赵。次年，魏惠王、韩宣惠王在平阳会见齐威王，卑躬屈节，以求齐的支援。秦国也积极展开外交活动。秦相张仪和齐、楚之相会见，目的是拉拢齐、楚。

这时，公孙衍为魏将，他采取"合纵"的策略与"连横"对抗，同年，公孙衍发起"五国相王"即五国国君相互承认其王号，以此表示相互联合。公孙衍原拟拉拢齐国，但齐国认为中山国小，不屑于与之同列，因此不承认中山有称王的资格。齐欲联合魏、赵、燕三国迫使中山废除王号，却没有成功。所以"相王"的五国，实为魏、赵、韩、燕、中山。这次以魏国为核心的合纵活动，目的是和秦国对抗，反映了此时外交斗争的尖锐与频繁。

张仪相秦·展开连横策略

周显王四十一年（前328），张仪相秦，开始推行其"连横"策略。

张仪本是魏国人。最初，他事奉鬼谷先生，学习纵横之术。后来游说于各诸侯国之间。入秦之后，秦惠文王擢用张仪为相。张仪采取联合韩、魏的"连横"策略，迫使韩、魏两国太子入秦朝见。秦派公子桑率军攻取魏蒲阳（今

战国金冠带

山西隰县），然后，张仪又请求秦惠王将蒲阳交还魏国，还使公太縣为"质子"到魏国。采取这些拉拢手段之后，张仪亲赴魏国，去劝说魏惠王议清利弊，不可对秦无礼，示意魏惠王献上郡之地作为回报。秦惠文王又派人去楚国劝说楚怀王与秦国联合，迫使魏国献上郡给秦，

如此，既可有德于秦，又可削弱敌国魏的力量。楚怀王听从秦使者的说辞，宣扬已与秦联合，魏国闻讯十分惊恐。魏终于把上郡 15 县，包括少梁等地一起献给秦国，并与秦修好言和。秦把少梁更名为夏阳。一年后，秦将以前所攻取的焦（今河南三门峡西）和曲沃（今河南三门峡西南）两地归还魏国。

战国鹰形冠饰

张仪的"连横"活动获得很大成功，在他主持下，秦对韩、魏采取又拉又打的策略，迫使这些国家就范，力图事奉秦国以求相安无事。张仪还曾率军向东侵伐，使秦完全占有了河西、上郡等地，并在河东占有土地，掌握了黄河，使秦国声威大振。

屈原任楚左徒

屈原，名平，出身于楚王族的远支。他博闻强识，通晓国家盛衰兴亡之道，擅长外交辞令。楚怀王即位之初，想要改革朝政，振兴楚国，便在周显王四十五年（前 324）擢用屈原为左徒，深予宠信，让他主持起草制定新的法令。左徒之职，位高势重，在朝和国王讨论国家大事，制定法令；对外则接待宾客，办理对诸侯国的事务。屈原主张通过制定新法令来改革楚国政治，选拔贤能担任官吏，联合齐国抵抗秦国。屈原起初很受怀王信任重用，怀王

让他"造为宪令"。在外交上，屈原坚决主张联合齐国、抗击秦国的策略，怀王曾派他出使齐国。但屈原的改革触犯了贵族利益、遭到佞臣们的中伤打击。怀王也因庸懦昏聩听信谗言，疏远屈原。

《楚帛书》成

记录楚国神话、历史、宗教、天文和占星术的楚文化经典作品——《楚帛书》成书于战国中期。

楚帛书于 1942 年 9 月发现于湖南长沙东郊子弹库的纸源冲，原是一块丝织品，出土时已呈深褐色，长方形，纵长约 33 厘米、横宽约 41 厘米。中间有用毛笔墨书两组字：一组十三行，另一组八行。书写的方向两组文字互相颠倒，如以右侧的八行文字为正，则左侧十三行皆为倒置；反之，将十三行放在右侧正置，而左侧的八行又成倒置。四周每边均有边文和图像，各分三段，四周共分十二个部位。

战国楚帛书。长 38.7 厘米，宽 47 厘米。在白色丝帛上墨书楚国古文 900 余字，中间文字涉及天象灾异和旧时昼夜形成的神话传说。四周彩绘 12 个怪异形象，代表 12 个月，上夏、下冬、左春、右秋各排 3 个月，是已知年代最早的帛书。《楚帛书》全篇共九百多字，内容十分丰富，是研究古代文化思想和战国楚文字的重要资料，也是弥足珍重的书法作品。

图像有两种内容，一种是树木，另一种是人身兽首，或一身三首等神怪人物，并涂有青、赤、棕三种颜色。每一图像皆有月名注写其侧，下有二至四行文字，说明利行和不利行之事，犹若"月忌"。因为中间两组文字彼此倒置，互为正反，究竟应从哪一组文字开始起读，其说不一，成为当前缯书研究中的一大分歧。有些学者根据古代的四时方位，所谓上冬、下夏、左秋、右春的原则，来确定缯书的正倒。以右方为春，正月的月名为陬，缯书写作"取"，两相吻合。因此多数学者皆主张十二段边文，当以"取于下"为开端，然后按逆时针的方向转动，旋转十二个部位整为一周。以"取于下"为正月，右方为春，则正是十三行一组的文字居于右侧，正置，八行居于左侧倒置。故此多数学者皆认为当以十三行文的一组为全文的第一章。另一些学者的意见与此相反，

战国楚帛书。《楚帛书》是写在丝织物上的一种数术性质的书籍。汉代总称丝织物为"帛"、为"缯",或合称"缯帛",所以楚帛书通常也叫"楚缯书"。

他们认为缯书的方位当是上夏、下冬、左春、右秋,这样则八行文的一组居于右侧,正置,文章当从八行文开端。

楚帛书的这两段文字是相互关联的上下篇,其中八行篇第一节的内容,主要讲太古时代天地未分,宇宙间瞢瞢冥冥,亡章弗弗。而庖羲娶女娲为妻,生四子,经营天地,驱除虫蛇,疏通山川,测定四时。

第二节继前节所述,而谓四时之名,如"长曰青阳、二曰朱四兽、三曰黄难、四曰口墨杨(英)"。并说:夋生日月,天方运转,划分九州,山陵备脉。还说:炎帝命祝融奠三天、四极,以及帝夋为日月运行等。

最后一节谈到共工、十日、四时和闰月,其中说:无有百神,风雨、星辰乱作,日月循规运转,宇宙间即"有宵有朝,有昼有夕"。

下篇十三行文,亦分三节,第一节开始讲日月赢绌不当,春夏秋冬四季失常,日月星辰乱行。继而又说:赢绌既乱,草木不长,天地作殃,瀑雨倾降,山陵平夷,川泉横溢,月闰勿行,日月既乱,祸降于民,咎及于王。

第二节中继前节进一步说:凡岁德匿,日月皆乱,星辰无光,风雨非常。逢此乱纪,生民务需慎行不可妄动。并引帝之言曰:"敬之哉,毋或弗敬,惟天作福,神则恪之;惟天作灾,神则惠之,口敬惟备,天像是测,下民是戒,敬之无祸。"

第三节,也即全文的最后一节,则谓:因民不敬百神,祭祀亦不庄重严肃,得罪于帝,故帝命日月德匿,星辰乱行,降此灾祸。并教民相善,不得相扰,祀神务敬,祭社勿滥,激怒于帝,将遭灾凶。

环绕甲乙两篇的十二月忌是一种实用的选择术。

楚帛书是楚文化宗教神话和天文术数的经典文献,它不但反映了楚人的思想意识和世界观,也记录了楚民族的源流,成为研究楚文化的重要史料。

战国透雕钮龙纹镜。钮为镂空蟠龙，圆钮座。构图规整且富于变化，是楚镜中的精品。

楚声兴起

西周时期，王室有很高的权威。周平王东迁，王室权势一蹶不振。在这种政治形势下，西周初确立的以社会等级制度为核心的礼乐制度，到春秋时期就每况愈下了。例如，《雍》是歌颂周文王的。按礼乐制度的规定，它只能用于王室祭祀家庙撤除祭品的时候。而鲁国当政的仲孙、叔孙、季孙三家大夫，居然也用它来结束祭祀。这一时期，礼崩乐坏表现在僭越和瓦解两个方面。鲁国执掌礼乐的专职乐师，风流云散，各奔前程。

雅乐衰颓的原因，从社会的角度来分析，是由于诸侯雄强称霸，对效忠王室的伦常观念早已弃置不顾，礼乐制度随之崩溃，从音乐艺术本身来分析，雅乐的程式化僵化，则是它必然衰颓的内在因素。随着春秋时期文化下移趋势的发展，民间新乐应运而兴，雅乐便伴随着周王室的衰微日趋没落了。

新乐之兴起，是中国先秦音乐文化的重要现象，是春秋时期在文化巨大变动中音乐文化领域里发生的重大转折。"新乐"，是相对于"古乐"而言；有时又称为"世俗之乐"，是相对于"雅乐"、"先王之乐"而言。而最早的称呼则是"新声"。新乐是在众多诸侯国的民间兴起的一种生气勃勃的音乐，范围十分广阔，是一种真性流露、热情奔放，相当华丽、激越动人的民间音乐。

战国时期楚国虎座鸟架悬鼓。下部两虎相背伏卧，大小动态相同，其上两鸟翘首张喙，分立于虎背之上。鸟尾以榫卯相连，鼓框上有三个铜环缚丝带，并分别系于两鸟的冠、尾连结处，使鼓悬挂于两鸟之间。虎座大而平，鸟架置于虎座之上，给人以平稳之感。

楚声，是战国时期楚地的音乐，也泛指长江中游、汉水一带以至徐、淮间的音乐。亦称"楚调"或"南音"。战国时期是楚声的极盛时代，诗人屈原的《九歌》及其他楚辞作品，多依据楚国民间乐舞歌唱形式而作。《九歌》的词句中曾对盛极一时的楚声表演情况与乐器等多有描述。楚国流行歌曲《下里巴人》、《阳阿》、《薤

露》等，是"国中属而和者数千人"。楚声的音乐形式，反映在楚词中有"少歌"、"倡"等歌曲结构用语，大约是插入歌曲中间部分的小段或单句。楚声调式结构，有相和五调中的"楚调"之说。

孟轲见魏惠王

魏惠王晚年，魏屡战屡败，马陵之战损失尤为惨重；后又被秦国侵夺大片领土，国力衰弱。魏惠王自觉愧对祖先，想扭转颓势，遂下令广招贤者。孟轲闻讯前往。

魏惠王询问孟轲如何使魏国得利，孟子说如果国君只考虑如何对国家有利，大夫只考虑如何对家族有利，士人百姓只考虑如何对自己有利，从上到下交相争利，那么国家就危险了。他建议魏惠王不要带头讲"利"，只要追求仁义就行了。臣民有了仁，就不会把亲长忘到一边，有了义，就不会不为国君尽心尽力。他还用古代贤君仅凭百里之地便取得天下为例，劝说魏惠王不要因国家受挫而丧失信心。他还建议，推行"仁政"，首先要"制民之产"，使每家每户有百亩之田、五亩之宅，过上丰衣足食的生活；在此基础上，加强学校教育，宣扬孝悌之道，就可以逐步实现"王天下"的理想。孟轲主张通过实行"王道"和"仁政"来完成统一事业，但他的学说未被采用。

邹衍创五德终始说

战国时期，阴阳家邹衍（号"谈天衍"）有感于治国者日益荒淫奢侈，不能以德治国，乃深观阴阳消息而作《终始》、《大圣》等篇提出了他的"大九州"说和"五德终始"说。

邹衍试图将宇宙各部分连贯为一个整体，并给予总的说明。他认为：中国是"赤县神州"，内有九州；像"赤县神州"这样的州，共有九个。中国是大九州中的一州，而这样的大九州共有九个，中国不过是全世界的八十分之一，这就是"大九州说"。它按照先验推理的方法由小及大、由近及远、由已知推及未知、由有限推及无限。因为其中含有很多幻想的成分，所以它是一种神秘主义。

邹衍在总结早期阴阳学说的基础上，提出了"五行生胜"的观点。他认为：水生火、火生土、土生金、金生水、水生木是"五行相生"的转化形式，反过来又存在着水胜火、火胜金、金胜木、木胜土、土胜水的"五行相胜"的对立关系。这种五行相生、相胜的特点，决定着自然界的变化，也决定着人类社会的更替。他认为虞、夏、殷、周的历史是一个胜负转化的发展过程，它按照土、木、金、火、水依次相胜而具有阶段性。他预见以后的发展是"代火者必将水"。五德终始说对后世产生了深远的影响。秦统一后，推五德之运，以为秦代周为水德，于是以十月为岁首，衣服旄旌节旗皆尚黑。重刑法，刻薄寡恩，以合于水德之数。五德终始说为中国古代的"正闰"思想奠定了基础。汉以后的历代王朝都自称"奉天承运"，把"五德终始说"作为他们改朝换代的依据。

鄂君启节

　　鄂君启节是战国时期楚怀王时器物，1957年安徽寿县九里乡出土。其中舟节铭9行164字，重文1，合文1。车节铭9行147字，重文1，合文2，皆为错金。舟节一枚，长31厘米，宽7.3厘米，厚0.7厘米。车节三枚，长29.6厘米，宽7.3厘米，厚0.7厘米。这是战国节符最完善的一个。铭文叙述了大司马昭阳在襄陵击败晋师之年（前323）的二月，楚王处于楚都郢之游宫。大工尹睢奉王命，令集尹等为鄂君启的府库铸造金节。车舟二节分载水陆两路由鄂至郢所经城邑，是珍贵的史料。其中水路从鄂出发，越湖，溯汉水而上，过芑阳等地，越汉水、过郢、越夏水，入于邔，这是航程的西北路。从鄂出发越江，过松阳等地入支流卢江，过爰陵，这是航程的东路。溯江而上航入湘水，过潕阳等地，入湘水支流耒水，经过郴、入资水、沅水、澧水等河，这是航程的西南路。溯江水而上，经过木关、郢，这是航程的西路。车路从鄂出发，经过阳丘、方城、象河、焚、繁阳、高丘、下蔡、居巢等至楚都郢。车舟二节是过关不征税收的凭证，规定了通行的数量、时间。征税的部门、禁运物资和小物件的折算。从铭文看出，楚国的关卡税制非常严厉，即使对国内封君限制也极严格，车舟数量、行程期限、所经城邑和运载物类等均有详细规定，是研究战国时代符节制度的重要资料。就铭文中车舟所经的城邑来看，车节经过9个城邑，舟节经过11个城邑，对考察当时楚国境内川泽城邑的方位和名称、水陆交通和区域开发，都有重要的价值。

320 ~ 316B.C.

战国

319 B.C. 周慎靓王二年

孟轲游梁，说魏惠王行仁政。

孟轲见魏襄王，退曰："望之不似人君。"遂去魏适齐，说齐宣王行仁政。

318 B.C. 周慎靓王三年

楚、魏、赵、韩、燕共击秦于函谷，不胜。

宋称王。

秦以乐池为相。

317 B.C. 周慎靓王四年

韩、赵、魏、燕、齐与匈奴共攻秦，秦使庶长樗里疾御之于修鱼，虏韩将鲰申差，败赵公子渴、韩公子奂，斩首八万二千。

齐败魏、赵于观泽。

316 B.C. 周慎靓王五年

秦司马错灭蜀。

秦取赵中都、西阳、安邑。

燕王哙让国于其臣子之而为之臣。

315 B.C. 周慎靓王六年

周慎靓王卒，子延立，是为赧王。赧王徙都西周，时东西周分治。

秦攻韩，取不章；伐赵，败赵将英。

赵称王。

齐宣王卒。在位时"稷下学士复盛，且数百千人"。道家尤甚，有宋钘、尹文、田骈、接子、环渊等。

田骈，亦称陈骈，齐人。讲学稷下，善谈论，主张"齐万物以为首"。

环渊，一说即关尹，楚人。学黄老之道而有所发明。

319 B.C.

马其顿摄政安提帕特死，波来波康继任摄政，托来美不服，率兵据叙利亚。

旃陀罗笈多·毛里亚从马其顿人手中夺回印度并建立孔雀王朝。

317 B.C.

马其顿摄政安提帕特之子卡山德推翻波来波康，取得马其顿政权，杀腓力三世，后又杀亚历山大四世。

316 B.C.

马其顿将军安提哥纳斯击败攸米尼斯于小亚细亚，杀攸米尼斯。

亚历山大大王之母奥林皮亚斯被安堤巴特之子卡桑德处死。

孟轲游说齐魏

周慎靓王二年（前319），魏惠王死，魏襄王即位。孟轲前去进见。魏襄王问孟轲："如何平定天下？谁能平定天下？"孟轲说："现在的诸侯国君都好征战杀伐，如果有一个国君不嗜杀伐，天下的人民就都会归之如流水，无人能阻挡。"他向魏襄王建议：靠行"仁政"平定天下，只有能推行"仁政"、不嗜杀伐的君主才可以平定天下。魏襄王不能理解其言。孟轲由此知魏襄王没有国君的德行，于是离开魏国，前往齐国。

《孟子》书影。孟子是中国思想史上的人物，他的天命论与人性论有同样的结构，并与流水等比附而没有上升为确定概念。在论说中他很善于用比喻：善于用观念的结合。孟子的心、性、智等概念都是当时经常讨论的问题。但他给出了一个心理结构并建立了心的先天论基础，是真正的心理学理论。

孟轲从魏国来到齐国。齐宣王初即位，正欲图强称霸，成就大业，遂向孟轲请教。孟轲说："只有施惠于民、保安百姓的君主，才能称王于天下。因此，君主应该推行'仁政'，减少刑罚，削减赋税，给百姓足够的田宅，不侵夺农时，使百姓上能供养父母，下能抚养子女；然后施以教化，使百姓知礼仪。这样，天下的良臣、贤士、农夫、商贾及行旅之人都会到大王的国家来，做大王的臣民，谁也无法阻挡大王称王于天下。"齐宣王听后很动心，但又怀疑自己的能力。孟轲说："人人都有善心，作为国君，只要将自己本性中的善加以推广，由爱自己亲人和左右的人，推广到爱天下的人，就可以实现'仁政'了。"齐宣王听后，打算实行"王道"、"仁政"，他任用孟轲为客卿，让孟轲随时教诲、辅佐自己。但当时的现实，迫使齐宣王更多地考虑征战杀伐之事，不可能尽按孟轲所言去做。因此，孟轲在齐宣王伐燕之后，便离开齐国，退居于邹（今山东邹县东南），专心著书立说。

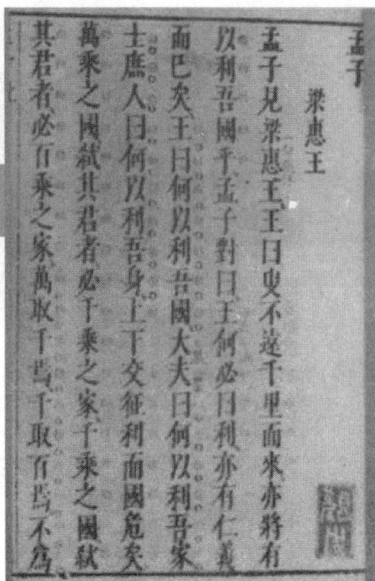

诸子百家思想

儒法之争

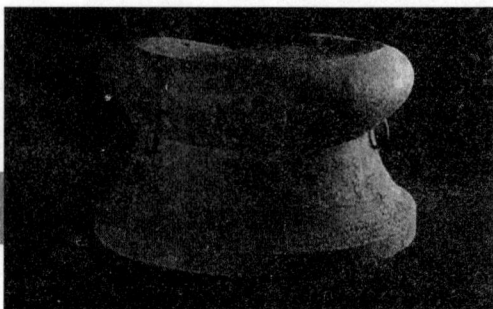

战国雷纹鼓。乐器。鼓身明显分为三段，胴部突出且大于鼓面，束腰，外侈足，腰部有四耳。属于云南石寨山铜鼓的早期形式。

春秋以来，奴隶主贵族维护其统治的周礼逐渐失去了原有的威力，旧有的典章制度随之而衰落。因而出现了一批改革家如管仲、子产等，他们颁布法令与刑书，改革田赋制度，成为战国时期法家思想的先驱。

法家的创始人李悝任魏相时，废除了官爵世袭制，按照"食有劳而禄有功"的原则选拔官吏，与儒家的"贤其贤而亲其亲"的重德观有了差异。他还收集诸国法律，完成《法经》6篇。与李悝同时的吴起在楚国进行政治改革，破除世卿世禄制，强迫旧贵族去边疆垦荒。虽然使楚国强大起来，却为贵族所不容，其改革措施甚至被当面斥为阴谋诡计，最终为贵族杀害。商鞅在秦国实行两次变法，其主要内容是开阡陌封疆，废除井田制，承认土地私有，奖励农战，有军功可授爵位；实行郡县制，主张严刑重罚以杜绝犯罪。但他排斥道德教化，轻视儒家的礼乐，反对效法古代的治世之道。他的变革也使秦国富强起来，但却因得罪贵族而终遭杀害。而申不害、慎到分别强调重"术"和"势"，反对因循守旧。

到战国末期，韩非集法家思想之大成，将"法"、"术"、"势"三者糅合为一，主张"以法为教"，厉行赏罚，奖励耕战。在理论上直接地批判儒学的治国方法。韩非继承荀子人性恶的思想，认为要治理好国家，必须依靠严刑峻法，而不能凭借仁义道德之教，认为"威势可以定暴"，"德厚却不能定乱"。儒家不顾社会的具体情况，言必道尧舜，韩非认为这"非愚即巫"。在他看来，治国之道随着时代不同、情况不同应有所变革。在"争于气力"的时代，只有实施法制，统一于法才能制服民心，稳定社会，强国富民。韩非甚至将儒家称为"五蠹"之一，说他们"以文乱法"，罪当禁绝。韩非把"法治"与儒家的"德治"对立起来，主张"不贵义而贵法"，"不务德而务法"。认为人们各以"计算之心相待"，根本不会有什么"恩爱"之心，嘲笑仁义道德不合时势，揭露了它的虚伪性。

法家对儒家在理论上和实践上的批判，顺应了当时由奴隶制社会向封建社会过渡的大势，对社会的发展起了积极的推动作用。但是法家"刻薄寡恩"，过分地压制的政策，显示出其残暴、酷苛、不合人情，也因此决定它不能一直居于显学地位。秦亡后，其法治思想被汉儒吸收到儒学体系中，主张德刑并用，成为地主阶级维护统治的有力工具。

五国合纵攻秦

马陵之战中，魏国遭受惨败，其后又被秦国屡屡击败，丧失了黄河以西的大片领土。魏惠王在晚年曾广招贤者，图谋振兴，并在齐、楚、燕、赵、韩等国支持下，任用公孙衍为相国，实行合纵抗秦的策略。周慎靓王二年（前319）冬，魏惠王去世，其子嗣即位，是为魏襄王。

公孙衍是战国时主要纵横家，合纵、连横是当时重要的军事外交活动。他在东方各国支持下任魏国相国，合纵之势便告形成。周慎靓王三年（前318），公孙衍发动魏、赵、韩、燕、楚五国共同攻秦，推举楚怀王为纵约长。秦军迎战于函谷关（在今河南灵宝北），击败五国联军，魏国损失最为惨重，便想与秦国媾和，遂派惠施去楚国说明此意。经过一番周折，楚国顺随魏国之意，向秦国求和。此时，义渠君乘秦国与五国联军交战之机，从后方起兵袭击秦国，大败秦军于李伯（一说即伯阳城，在今甘肃天水东）。秦国受到义渠牵制，不便再与五国联军交战，遂同意媾和。

秦灭巴蜀

周慎靓王五年（前316），蜀国与苴国、巴国之间爆发战争。蜀国是戎狄之长，国都在蜀（今四川成都），苴国国都在苴（今四川剑阁东北），巴国国都在巴（今

四川重庆嘉陵江北岸）。巴、蜀之间长期为仇，因为苴侯与巴王交好，蜀王就攻打苴国，苴侯出奔到巴国，并向秦国求救，秦惠文王想乘巴蜀交战之机，先西行伐蜀，又担心韩国会乘机来袭击。如果先东进伐韩，又恐失去伐蜀的有利时机，所以犹豫不决。秦相张仪主张东进伐韩，劫挟周天子，以便号令天下。司马错则反对，认为这只能激怒中原诸侯，共同抗秦。他主张先攻灭西南的蜀国，将来就便于攻打楚，如果把楚国灭了，天下也就易于得到。秦惠文王采纳了司马错的主张，派张仪、司马错和都尉墨等人率兵从石牛道（又称金牛道，自今勉县西南行，越七盘岭入四川境，经朝天关趋剑门关）伐蜀，蜀王被秦军杀死，蜀国灭亡。接着张仪、司马错等又率兵攻灭苴国和巴国，俘虏了巴王。秦国兼并巴蜀之后，考虑到少数族的统治者在当地还有一定的号召力，所以仍保留蜀为属国，封蜀王之弟为君，而贬其王号为侯，令陈庄为蜀相，以张若为蜀国守，并迁徙一万家秦民到蜀地，以利于对蜀的控制。又在巴地设置巴郡，郡治江州（今四川重庆北），改封原巴王为君长。秦国得到巴蜀地区后，更加富强，遂对赵、韩、魏三国展开大规模进攻。

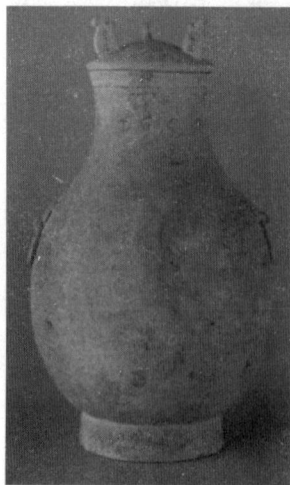

箔银云纹壶。盖上有三形如伏鸟的环钮，盖面中饰涡纹，周围为云纹。器口缘饰云纹带。鼓腹，两侧有铺首衔环。自颈至腹中部饰盘曲的云气纹，下加桃形垂叶。圈足饰云纹带。花纹间嵌银片及银丝。此器富丽精美，在巴蜀青铜器中出类拔萃。年代当为战国晚期，其时当地已为秦人统治。

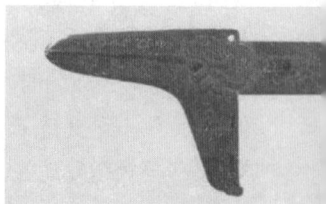

战国虎纹戈。胡的一面铸一跽地村髻腰悬刀的蜀人形象。援脊有铭文，字体独特，与习见的巴蜀铜器符号不同。秦灭巴蜀以后，这种文字则已停止使用。此戈具有巴蜀文化特征。

上为战国雷纹矛。下为战国竹节纹矛。纹饰具有明显的巴蜀地方文化特征。

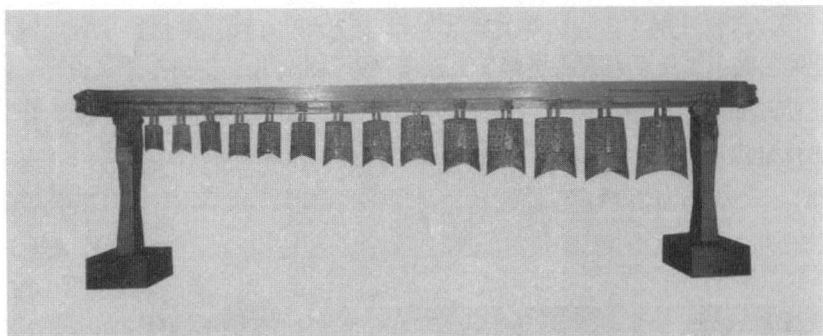

战国镶嵌云纹编钟。乐器。共十四枚，为一编。四川涪陵小田溪出土。

巴蜀青铜器

　　巴蜀青铜器具有特异的风格，与同时代的中原青铜器不同，虽然它在形制、工艺和使用上与商周青铜器有明显的联系，但发展出了自己的特色，反映了巴蜀少数民族的很多文化特征，在今天成为古代巴蜀民族的文化的主要保存者。

慎到去世

　　周慎靓王六年（前315），思想家慎到（约前395～前315）去世。慎到，赵人。曾在齐稷下讲学，早期接受道家思想，

战国镶嵌宴乐攻战纹壶。嵌错工艺多用红铜，而此器用铅镶嵌，颇为罕见，可能为蜀地仿制。

后转为法家。主张"尚法"和"重势"，认为"法虽不善，犹愈于无法"，"民一于君，事断于法"，强调"势位足以拙贤者"，"抱法处势"。创法家中"势"

037

的一派。著有《慎子》。《慎子》主要讲"势"。宣称凭借权位，有重权高位便能治天下，用不着等待贤智。更强调"势"的作用，指出："尧为匹夫，不能使其邻家；至南面而王，则令行禁止。由此观之，贤而不足于服不肖，而势位足以屈贤矣。"有了权，有了法，即使一个平凡的君主也可以"抱法处世"，"无为而治天下"。

战国酿酒

诸子百家思想

战国时期，酿酒技术有着显著的进步。《礼记·月令》中称酿酒时"秫稻必齐，曲糵必时，湛炽必絜，水泉必香，陶器必良，火齐必得"，把酿酒全过程中应注意的各种问题都说到了。曲糵（酵母）中的毛筲和酵母菌都是极敏感的微生物，水中稍有杂质，就会影响菌类的活动，所以要求"水泉必香"；"陶器必良"可避免杂菌的滋生；"火齐必得"是指温度的控制。1974 年至 1979 年，在河北省平山县——战国墓中出土了两铜壶中国现存最早的陈酒——战国麦酿酒，距今 2280 多年。

青铜酒具大圆尊

战国中山王墓盛在铜壶内的酒。保留至今的最早的中国古酒。

燕王哙行禅让·燕国动乱

周慎王五年（前316），燕王哙行禅让，让位给燕相子之。

燕相子之曾经改革燕国政治，用事主断，受到燕王哙的信任。鹿毛寿对燕王哙说："不如让国于子之。尧的贤来自让位于许由，而许由不受。有让天下

战国镶嵌兽首形饰件。钟架梁端饰件。一端作兽首状，兽瞪目张口，龇牙；另一端为长方形銎。通体错金蟠虺纹。

之名而实不失天下，现在让国于子之，子之必不敢受，则王可得尧的贤名。"

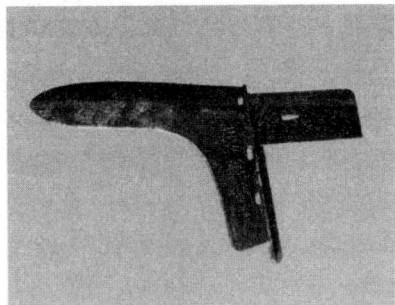

战国左行议率戈。钩击兵器。长方内，中有扁方形穿。内上饰马纹，作垂头腾跃式，尾上翘，身饰云纹。胡部有铭文"左行议率戈"五字。河北易县燕下都遗址出土。

燕王哙遂将国柄授于子之，使子之权力大大增加。有人又向燕王哙建议，不要像禹那样，名义上传天下于益，实际上由其子启攻益而夺权，要让国就要彻底禅让。于是燕王哙命令地方官凡是三百石以上俸禄的都将印信缴回，再由子之颁发。子之南面行王事，燕王哙反而称臣，告老不理政事。燕王哙实行禅让，这在春秋战国时代是绝无仅有的事情。第二年，燕国发生大乱。将军市被和太子平结党聚众，谋划攻击子之。市被领兵包围子之的公宫，双方相持很久，始终未能攻克。百姓起而反攻太子平，杀死将军市被。这次内乱长达数月之久。周赧王元年（前314），子之终于平息内乱。内乱期间，中山国乘机进攻，

战国象灯。灯为象形体，背负一灯盏，象鼻上卷竖起。盏口沿平折，浅腹，与象身连铸。河北易县燕下都遗址出土。

039

诸子百家思想

人擎双灯。战国中期。照明用具。一人身着短服，立于蟠屈的龙身之上，右臂横伸，左臂下垂，双手各擎一竹枝状盏托，上端各有圆盘形灯盏，上有子母榫口。附铜勺一，勺略呈椭圆形，长柄，柄端扁形，有兽形纹饰。人形与河南洛阳金村出土的铜人和银人的形象、服装相似，灯盏与河北平山三汲出土的十五枝连盏灯的灯盏相近。山东诸城太平葛埠口村出土。现藏中国历史博物馆。

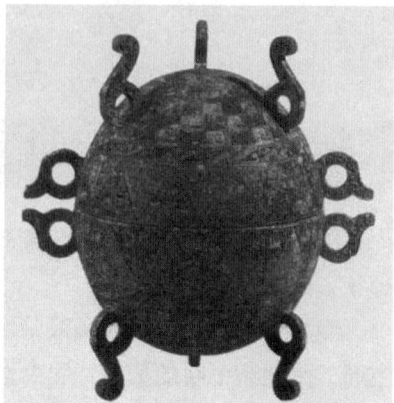

战国镶嵌三角云纹敦。盛食器。球体。盖与器对称，可分开使用。区别之处在于器有子口，有三扁足，上部呈圈形，两侧设圈耳。盖顶和器底饰同纹，外区为方块状交错的云纹，并围以斜角云纹带。口沿饰宽阔的交错三角云纹，器和盖合口时，此三角云纹相错成环器的规整的曲折纹。全部纹饰镶嵌银丝、红铜丝和绿松石，纹饰极为绚丽，是战国中后期青铜器几何纹饰的代表作之一。

攻占方圆数百里的地方和几十座城邑，使燕国遭受很大损失。齐国也乘燕内乱之际攻燕，杀燕王哙，擒子之。周赧王元年（前314），赵送燕公子职入燕为王，是为燕昭王。燕昭王求士，后乐毅、剧辛、苏秦等赴燕，复国。

战国时代楚国的卜筮祭祷活动

进入春秋以来，卜筮祭祷活动在中国社会中的重要性明显降低，随着科学、文化的大规模发展和政治、经济、军事活动的全面活跃，卜筮祭祷等巫术活动在政治和社会活动中的影响越来越少，至战国秦汉已微乎其微。但这些活动依然存在，《左传》和《国语》就记载了很多，但一般则极少记录卜法和筮法的具体情况。战国时代楚墓出土竹简展示了楚人卜筮祭祷活动的情况。

楚人使用龟甲、著草以及其他一些东西进行卜筮,由一些职业性的贞人进行,称之为"贞",可以卜筮并行。在卜筮时将日期、贞人、用具、问人、事由、判断、祷辞及事后占验记入竹简,在贞问时,还有移祝、说、鬼攻等活动,用以祭祷神灵,祈求降福。

在卜筮之外,还有专门的祭祷活动,有三种祷的方式,祭祀土神、路神、社、鬼、祖先等。

在战国时代,楚文化独树一帜,在很多方面与秦及中原不同,楚文化中又尤以鬼神巫术色彩为重,其文学、艺术都打上了它的烙印。楚国竹简显示了楚人卜筮祭祷活动的具体情况。

战国集糁甗。在甗类礼器中,此器的形制最为巨大。是研究战国时代楚文化的重要实物资料。

楚国的行政司法制度

包山楚墓出土的竹简中有一批文书,为了解战国时代楚国的行政司法制度和社会生活提供了珍贵的第一手材料,弥补了传世文献的不足。

包山 2 号楚墓出土的竹简中,有近两百条文书简,都与行政和司法有关,包括诉讼记录和摘要、各地汇总上报案件的简要记录,以及由各地司法官吏呈报给左尹及其下属的公文。战国时期六国的立法和司法情况一向所知甚少,有关楚国的史料更是寥若辰星,而这些文书是直接记录战国中晚期楚国司法活动的档案,反映了楚国政治和楚文化鼎盛的后期楚国的社会生活。

文书中数量最多的是各种案件的记录及其摘要,包括刑事案件、民事案件和行政监督方面的案件,从这些案件中可以看到楚国行政和司法的一些情况。文书中《集著》记录了三年中查验名籍的几个案件,体现了楚国对居民实行名籍登记管理的制度,从君子到邦人,从一出生就要登录名籍,名籍按户记录,记载人口关系,有一些佣人归属和杀人案件的解决就是以名籍为依据的,可见楚国的名籍制度全面而且严密。对于隐瞒名籍的行为都立案处理。

文书中的案件有一些涉及了财产所有权、继承权,也有一些涉及了对官员的监督，案件受理、审理、复审、判决的过程和司法机构的组成，都是新的、第一手的材料。

进入战国之后，楚国和其他各国一样卷入变法浪潮，迅速普及司法，楚悼王任用吴起为令尹，实行变法，"明法审令"，但具体内容已经基本无存。楚国作为春秋战国时代的活跃国家，其政治军事行动和文化有赖于其行政和司法体制的运用，包山楚简的材料展示了楚国社会的深层文化。

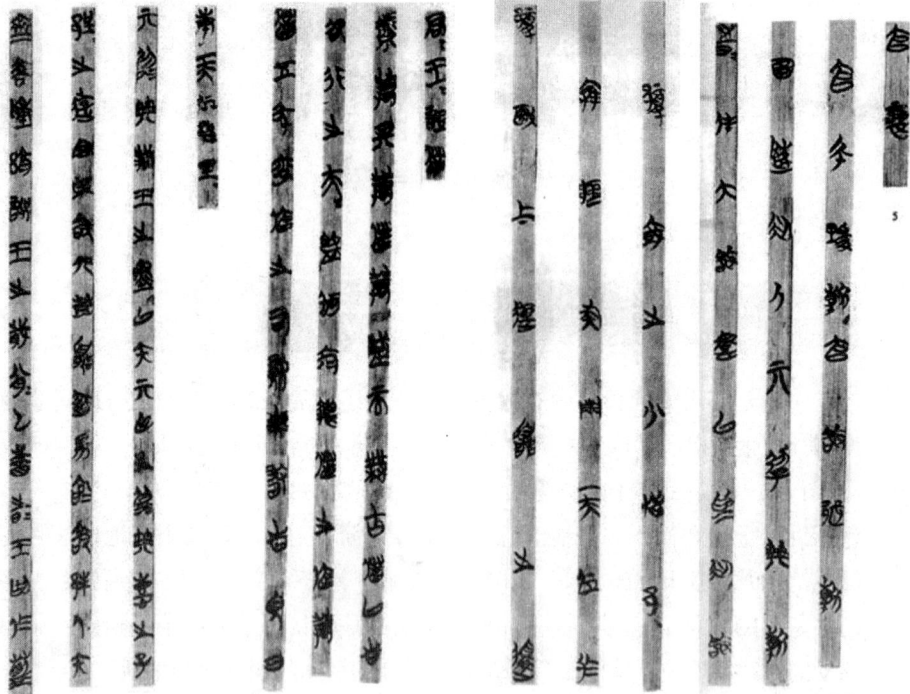

楚国竹简　　　　　楚国竹简

315 ~ 310B.C.

战国

314 B.C. 周赧王元年

秦侵义渠，得二十五城。

秦侵魏，取曲沃而迁其人。

秦樗里疾攻魏，降焦。

秦封公子通于蜀，以陈壮为相，置巴郡，以张若为蜀国守，移秦民万家实之（据华阳国志）。

秦败韩师于岸门，韩太子仓入质于秦以和。

齐宣王伐燕，燕王哙、子之皆被杀。太子平先为子之所杀。

313 B.C. 周赧王二年

秦王、魏王会于临晋，立魏公子政为魏太子。

秦庶长疾攻赵，虏赵将赵庄，拔取蔺。楚王、魏王如赵。

张仪去秦相楚。

312 B.C. 周赧王三年

秦使魏章、樗里疾、甘茂破楚师于丹阳，虏其将屈匄及裨将逢侯丑等七十余人，斩首八万，取汉中地六百里，置汉中郡。

楚怀王悉兵攻秦，秦败之于蓝田。

韩、魏乘楚败攻袭楚，楚乃引兵归，割两城与秦和。

秦、韩攻楚，围景座。

311 B.C. 周赧王四年

赵立燕公子职为燕王，使乐池送之，是为燕昭王职元年。

燕昭王发愤谋齐，招纳贤士，优礼郭隗。魏围卫。

蜀相庄杀蜀侯。

秦伐楚，取召陵。

310 B.C. 周赧王五年

张仪逐惠施于魏，而相魏，惠施适楚。

赵吴广纳女于武灵王，有宠于王，立为王后，生子何。

312 B.C.

亚历山大将塞流古在叙利亚与巴比仑建立塞流古王朝，统治亚历山大帝国亚洲部分，建立塞流西亚城于泰西丰附近。

311 B.C.

亚历山大帝国内战结束；马其顿归摄政者卡桑德；色雷斯归利西马库斯；埃及归托勒密·骚特；亚细亚归安提哥那。

310 B.C.

罗马北部伊特拉斯康人乘罗马与萨谟奈人战，进攻罗马，罗马人败之于瓦底姆湖。

希腊文化开始以亚历山大为中心。

屈原联齐

屈原因遭受谗害，被免去官职，逐出楚都郢（今湖北江陵），到楚怀王后期，才得以回国，但未受重用。由于张仪的破坏，楚齐联盟破裂，楚国在与秦国作战中，连遭败绩。齐国攻魏，也被秦魏联军打败。形势所迫，楚国试图恢复与齐国的联盟，楚怀王十八年（前311），楚派屈原出使齐国。与此同时，秦相张仪再次赴楚，楚怀王决心因而杀之，而狡猾的张仪借助靳尚、郑袖的巧言令色，使楚怀王改变主意，释放张仪，并准备再度与秦亲善，结为连横。屈原出使齐国归来，听说此事，极力劝阻楚怀王，认为张仪欺骗楚王，现在就应杀他，即使不杀也再不可听信其连横邪说。楚怀王不听屈原之言，决定与秦国结为连横。

战国镶嵌龙凤纹樽。图案化的变形龙凤纹，婉转回环，且又井然有序，表现出楚国错金银工艺繁缛华丽的装饰特色。

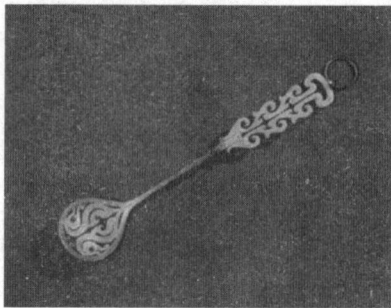

战国镶嵌透雕龙纹勺。餐具。握手扁平，尾端圆钮套环，另一端作兽首与柄相连。勺身扁圆形，内镂空透出一对背向龙纹，龙身错银，握手作透雕三角卷云纹状，面上为错银云鸟纹。器形玲珑精巧，纹饰素雅。

九歌图中屈原行吟画像

张仪破楚齐之盟·秦连败楚

秦国从显王四十六年（前323）开始，以张仪为相，推行张仪的连横策略，联合韩、魏两国结成连横，南方的楚国与东方的齐国也结成盟国，形成两大对峙集团。楚怀王十六年、齐宣王七年、秦惠文王更元十三年（前312），楚、齐两国出兵攻打秦国，夺取曲沃（今河南三门峡西南）。秦惠文王想讨伐齐国，又担心齐、楚间互相救援，张仪请缨赴楚活动，试图破坏楚、齐联盟。于是，秦惠文王诈称已免去张仪相职，张仪到楚国后，声称愿为楚国效劳，骗取了楚怀王的信任。随后张仪用欺诈之术诱使楚与齐断绝交往，而与秦结成联盟，互相嫁女娶妇，永为兄弟之国。楚臣陈轸曾在秦国为官，素知张仪其人，知道张仪又在玩弄诈术，因此向楚怀王忠告：秦之所以看重楚，是因楚有齐为盟国，若是听信张仪之言，与齐断交，那么楚国就会孤立无援，就有被秦国攻打的危险。然而，楚怀王对陈轸的良言听不进耳，认定张仪是为楚国着想，很快便任用张仪为相，又接连派使者到齐国宣布断绝盟约，甚至出言不逊，辱骂齐宣王。齐宣王大怒，一面与楚国断绝交往，一面不惜降低身份请与秦国结交，于是秦齐两国交和。张仪见目的已达到，就又回到秦国，恢复相位，但不再承认对楚怀王的承诺。

楚怀王被张仪所欺，大怒不止，准备发兵攻秦。楚臣陈轸见事已至此，便劝楚怀王不如送给秦国一座城邑，与秦合兵攻齐，如此则虽因献城受些损失，却可以从齐国那里得到补偿，楚国也可得以保全，现在刚与齐绝交，再出兵攻秦，等于促使齐、秦联合对付楚国，楚国就危险了。

楚怀王盛怒之下不听陈轸之言，派将军屈匄率军讨伐秦国，秦派魏章、樗里疾、甘茂迎击，韩国又出兵助秦，于次年春天在丹阳（今河南西峡丹水以北地区）大破楚军，获楚主将屈匄和裨将逢侯丑以下七十余名楚国将领，斩首八万。秦军随后继续进攻，取汉中地八百里，在南郑（今陕西汉中）置汉中郡。楚怀王受张仪之骗又遭此惨败，痛愤不已，下令征召全国军队全力攻秦，又在蓝田（今湖北钟祥西北）为秦军所败。韩魏此时得悉楚军失利，乘机夹击楚国，一直进攻至邓（今湖北襄樊北）。楚国三面受困，只得割让二城于秦，以求和修好。

　　秦国既败楚，张仪又向秦惠文王建议，秦战胜楚国后，可作某些让步，拉拢楚国，使之与秦国结盟，以利于秦的发展。秦惠文王最后决定将汉中一半土地归还楚国，以修旧好。但楚怀王对张仪痛恨之极，表示宁可不要汉中地，也一定要得到张仪。张仪分析形势，胸怀成竹，自愿赴楚。张仪到楚国即被囚禁，楚怀王欲杀之。张仪厚赂楚怀王亲信靳尚，又得楚怀王宠妃郑袖枕边进言，楚怀王果然冰释前嫌，将张仪释放并盛情款待。张仪趁机劝说楚怀王背弃合纵盟约，与秦国亲善，楚怀王竟同意。张仪破坏楚齐联盟大获成功，秦国此后又得以击败齐国。

屈原作《九歌》

　　《九歌》本是远古的乐曲名。屈原的《九歌》是在楚地祀神歌舞的基础上创作而成的。它包括《东皇太一》、《东君》、《云中君》、《湘君》、《湘夫人》、《大司命》、《少司命》、《河伯》、《山鬼》、《国殇》、《礼魂》共11篇作品。《礼魂》是送神曲，《国殇》祭奠为国捐躯的将士，其余9篇，各祭1位天神地祇。《九歌》带有浓厚的宗教情调，普遍采用由男女巫觋扮作神祇和迎神者，互相唱和的形式，如同生动的歌舞剧。其中有隆重热烈的迎神场面，有对神的礼赞和歌颂，更多的是写男女神祇之间的爱慕和思念，实际是笼罩着宗教面纱的人间恋歌。《九　九歌图卷局部
歌》的语言优美隽永，风格清丽绵邈，深婉曲折。诗中善于表现主人公深邃复杂、缠绵细腻的感情。如《山鬼》中写女主人公精心妆扮，伫立于山巅，

九歌图局部

等候恋人，时而自信，时而怨恼，时而猜测，时而狐疑，时而感伤。诗中把她那种起伏不定，倏忽变化的思绪表现得淋漓尽致，充满了哀怨忧伤的情调。《九歌》中还常常用环境描写来烘托感情，创造情景交融的境界。如《湘夫人》中描写湘君等候湘夫人的情景，萧飒的秋景，衬托着湘夫人的绰约身姿，勾起湘君的无限惆怅。诗的一开头，就把读者带进了优美而凄婉的意境。另外，《国殇》一诗是对阵亡将士的祭悼，写出了激烈的战斗场面和将士们视死如归的战斗意志，风格也豪迈悲壮，是历来传诵的名篇。

《天问》作于屈原被逐之后，相传他走进楚国先王之庙和公卿祠堂，见到壁上所画的天地山川、神灵鬼怪及古代圣贤的故事，于是援笔发问，以抒忧泄愤。诗中共提出170多个问题，涉及很多神话传说和历史故事，表现了屈原的怀疑批判精神和深沉的忧国情绪。它是研究中国古代神话的珍贵资料。

楚辞是屈原在楚地民歌基础上改造而成的一种新诗体，其名称最早见于汉初，人们用它来称指屈原、宋玉等人的作品以及汉代作家的模仿之作。屈原是楚辞的伟大奠基者，他的作品在中国诗歌史上占有重要地位。本世纪50年代，他曾被推举为世界文化名人。

张仪游说五国连横

汉代河伯出行画像。河伯，古神话中的黄河之神，为天帝的臣属。《楚辞九歌·河伯》有描写河伯的出行情形。

张仪第二次赴楚，初被拘为囚，后为贵客，张仪以秦兵强马壮、国力强大、气势如日中天，说楚王："若欲为纵拒秦，无异于驱羊群而攻猛虎，不敌明矣。今王不事秦，秦劫韩驱魏而攻楚，则楚危矣。"楚怀王果然再次被张仪说服，应允楚与秦永为兄弟之国，不相攻伐。张仪又到韩国，对韩王说，韩国小，兵弱，"以韩抵秦，此无异于垂千钧之重于鸟卵之上，必无幸矣！"韩王应诺事秦。

张仪又出使至齐国，对齐王说，齐国虽地广民众，兵强士勇，但如今秦与楚联姻，韩、魏、赵皆事秦王，"大王不事秦，秦驱韩、魏、赵攻入，虽欲事秦，不可得也"。齐王亦许事秦。张仪其后西至赵对赵王说，赵国曾率领各国拒秦，于今秦楚为兄弟，韩、魏称藩臣，齐献鱼盐之地，这如同断了赵国的右肩，赵国还能凭什么与秦相抗？赵王无奈，许与秦为兄弟之国。张仪然后北向说燕王，而今赵已事秦，大王不事秦，秦将出兵六中（今内蒙古呼和浩特西）、九原（今内蒙包头西北），驱赵攻燕，燕必危殆。燕王听了张仪之辞，请献常山（今河北涞源西南）一带的五城给秦以求和。

《诅楚文》成

周赧王四年（前311），秦惠文王卒，在位二十七年。《诅楚文》为惠文王时刻石。内容为秦王祈求天神制克楚军，恢复边城。后世称为诅楚文。宋朝先后发现三石，以所祀神名命之，曰"巫咸"、"大沈厥湫"、"亚驼"。原石已佚，仅存拓文。字体为秦篆，系书法珍品。文体仿春秋时晋吕相《绝秦》文，颇有文学价值及史料价值。

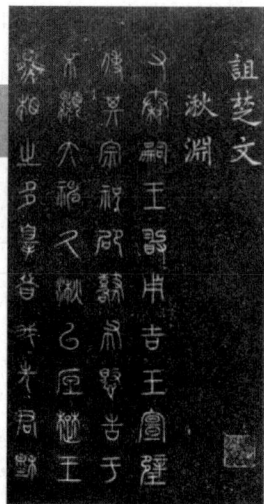

诅楚文

燕昭王求贤

燕王哙于周慎靓王五年（前316）让位于子之以后，不过三年，燕国形势大乱，太子平谋夺王位，内部混战，齐国见机侵燕，杀燕王哙。赧王四年（前311），赵国护送燕公子职入燕，是为燕昭王。燕昭王即位后，发愤谋齐，"吊死问孤，与百姓同甘苦，卑身厚币以招贤者"。昭王又问计于郭隗：齐国因燕内乱而破燕，我知道燕国小力弱，凭这些不能够报仇雪恨。然而若得贤士振兴燕国，以雪先王之耻，才能遂我心头之愿啊。希望先生举荐贤士，共谋大业。郭隗应道：王欲尊贤士，可自隗始，贤于隗者必不远千里而至。燕昭王于是为郭隗改筑宫而师事之。在燕昭王的招纳下，乐毅自魏往，邹衍自齐往，剧辛自赵往，贤士争赴燕，为燕国的富强出谋划策。

中山王错鼎

唯十四年，中山王错作鼎，于铭曰："呜呼，语不废哉！寡人闻之，与其溺于人也，宁溺于渊。昔者，燕君子哙，睿弇晓悟，长为人宗，娴于天下之物矣，犹迷惑于子之而亡其邦，为天下戮。而况在于少君乎？昔者，吾先考成王早弃群臣，寡人幼童未通智，唯傅姆是从，天降休命于朕邦，有厥忠臣胄，克顺克此，无不率仁，敬顺天德，以左右寡人，使知社稷之任、

中山王错鼎。战国时期铁足刻铭铜鼎。鼎壁身刻铭文 77 行，计 469 字，铭文字数仅次于西周毛公鼎，是已发现的最早的中山国文字资料。铜鼎铭文字体修长，匀称流美，装饰意味十分浓厚。

臣宗之义，夙夜不懈，以诱导寡人。今余方壮，知天若否，论其德，省其行，无不顺道，考度唯型，呜呼，欣哉！社稷其庶呼！厥业载祇，寡人闻之，事少如长，事愚如智，此易言而行也。非任与忠，其谁能之？其谁能之？唯吾老胄是克行之，呜呼，悠哉，天其有型，于在厥邦，是以寡人委任之邦，而去之游，无慷惕之虑。昔者，吾先祖桓王、昭考成王，身勤社稷，行四方以忧劳邦家。今吾老胄亲率三军之众，奋桴振铎，辟启封疆，方数百里，列城数十，克敌大邦，寡人庸其德，嘉其力，是以赐之厥命：虽有死罪及三世，无不赦，以明其德、庸其功。吾老胄奔走不听命。寡 [人] 惧其忽然不可德，惮惮业业，恐陨社稷之光，是以寡 [人] 许之谋虑皆从，克有功，智也。诒死罪有赦，知为人臣之义也。呜呼，念之哉！后人其庸庸之，毋忘尔邦。昔者吴人并越，越人修教备任，五年覆吴，克并之至于今。尔毋大而肆，毋富而骄，毋众而嚣，邻邦难亲，仇人在旁。呜呼，念之哉！子子孙孙，永定保之，毋替厥邦。"

中山国三器鼎铭 467 字（重文 10，合文 2），方壶铭 450 字（重文 3，重文 1），壶铭 182 字（重文 5，圈足铭 22 字）。可以说是最长最完美的出土文献。三铭内容主体相同，都是以中山相国胄为中心。铭文词汇丰富，语句流畅，

已经完全是秦汉典籍的风格，摆脱了金文简短、古陋的特色。

三篇铭文善颂善祷，在长篇说教中包含了很多先秦人的世界观，有一些语句与传世经典相合。中山国三器的铭文不但是重要的历史文献，也是中国语文发展的里程碑。

战国中山王错方壶。铭文书体具有高度艺术性，修长而劲利遒美。

中山国青铜器

中山国是原在陕北的白狄，于前 6 世纪左右所建，虽然长期受中原文化影响，但至春秋战国之际仍保存着浓重的北方游牧民族的文化特点。春秋至战国早期（约前 6～前 5 世纪）的中山国地域（今河北省）的墓葬中，出土了许多青铜器。主要有鼎、甗、豆、壶、盘、匜、勺、剑、削、斧、凿等。铜器花纹有蟠螭纹、蟠虺纹、云雷纹、垂叶纹、窃曲纹及镶嵌红铜和绿松石等。这些铜器造型浑厚，花纹精细优美，纽、柄、流部还有兽面、鸟首、虎首等动物形象，并于目、鼻、口部镶嵌绿松石。鼎均有盖、附耳，深腹圜底，三兽足较瘦高，其中有代表性的如乳钉虺纹鼎、蟠虺纹鼎、勾连雷纹鼎等。豆形釜双直耳，口微敛，深腹稍鼓，圜底，喇叭状座，器表附有烟炱，是北方民族特有的一种炊具。铜壶也很有特色，络绳纹双环耳壶和提梁匏壶，形似葫芦，造型质朴；环耳蟠螭四兽纹圆壶和环耳络绳纹扁方壶，不仅两肩有环耳，而且盖的两边和下腹部均有立环或铺首衔环，以便绳索网络，盖上二环可贯穿络绳提网以免壶盖脱落，保持着游牧民族用器适宜游动携带的特点。

战国时期的中山国青铜器以河北平山三汲中山王墓的出土物为代表，有鼎、鬲、甗、簋、盒、豆、壶、灯、方案、神兽、编钟、铙、铎、屏座、帐构、兵器、车马器、山字形器、兆域图版等，其中很多铜器上有刻或铸的铭文，特别是铁足大鼎、夔龙饰方壶和一圆壶均有长篇铭文，共计 1099 字，填补了中山国的历史空白，并明确了制器时间约为前 321～前 314 年。器上纹饰除横铸蟠螭、蟠虺、云雷纹外，还有错金银、错红铜、填漆、嵌松石或玻璃等。其铸造方法除浑铸外，还有嵌铸、铆接、焊接、铸接和失蜡法等。有的器物

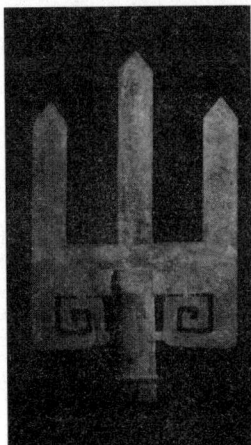

战国山字形器。仪仗礼器。这种器物为中山国所独有，造型庄重，立于木柱之上，排列于帐前，是象征中山国国王权威的一种礼器。

造型结构复杂，有的器物转轴可自由转动且毫无缝隙，有的花纹细如毫发，有的动物形象自然逼真，反映出其铸造工艺的进步。山字形器为中山国所独有，器上部呈"山"字形，向上出3支尖峰，两侧向下回转成透空雷纹，下部中间有圆筒状銎，可列于帐前或立于帐周，十分雄伟，是象征权威的一种礼器。

此外，平山中山王墓还出土了一批造型奇特的青铜工艺品，如：银首人形座铜灯，铸一男子昂首立于兽纹方座上，宝石镶睛，两臂张开手握双螭，身上挺托一圆柱顶一灯盘，沿柱有夔龙戏猴，十分传神；错金银龙凤方案，器身下有梅花鹿两牡两牝环列侧卧，共托一圆环，环上4只神龙分向四方，龙间尾部纠结处各有一凤，龙首顶着斗栱承一案框，结构复杂，是迄今所见最精致的战国青铜器；鸟柱盆，盆内底部爬有一鳖，背立圆柱，柱顶有一猛禽，双爪抓着纠结的双蛇头部，形态逼真；错银双翼神兽，昂首扭向一侧作咆哮之状，两肋生翼，四肢弓曲，利爪撑地平稳有力，全身以漫卷云纹为饰，增强了神兽的神秘效果；错金银虎噬鹿，作一猛虎抓扑小鹿状，猛虎凶勇，小鹿绝望地努力挣扎，十分传神。这批青铜

战国镶嵌龙凤方案。家具。器身方形。镶错金银纹饰，下有四只梅花鹿，两牡两牝相间侧卧，等距离环列共托一圆环。器物结构复杂，金银错纹璀璨华丽。

工艺品保存着北方民族善于刻画动物造型的熟练技能，构思精密，制作严谨，反映出中山国青铜工艺的族属特点。

战国镶嵌鸟纹双翼兽。此兽应为史书记载的龙雀，造型矫健有力。

309 ~ 305B.C.

战国

309 B.C. 周赧王六年

秦初置丞相，以樗里疾为右丞相，甘茂为左丞相。

张仪死于魏。

韩相南公揭卒，樗里疾相韩。

秦王封子悍为蜀侯。

308 B.C. 周赧王七年

魏王与秦王会于应。

秦相甘茂攻韩宜阳。

307 B.C. 周赧王八年

秦攻破宜阳，斩首六万，又涉河取武遂，城之。赵武灵王略中山之地，北至代，西至黄河；初服胡服以朝，命大臣胡服，以便骑射。

秦武王卒，无子，异母弟稷立，是为昭襄王，年少，太后听政，太后以魏冉为将，卫咸、严君疾为相。

306 B.C. 周赧王九年

秦击魏皮氏，未克而还。

秦归韩武遂。

赵武灵王略中山及胡地，林胡献马。

305 B.C. 周赧王十年

赵武灵王攻中山，取四邑。

秦庶长壮及诸公子作乱，魏冉杀群公子，逐太后，专国政。

秦迎妇于楚。

魏城皮氏。秦彗星见。

楚背齐而和于秦。

308 B.C.

罗马中意大利之阿姆布利阿人、皮西提尼人、马西安人进攻罗马，罗马人利用其新建之海舰队与诸国对抗。

307 B.C.

马其顿国王狄密多留·波里奥克利特从卡桑德手中夺回雅典。

在托勒密·骚特统治期间，建造亚历山大博物馆和图书馆。

305 B.C.

亚历山大之将军塞流古称王于西亚。翌年塞流古将亚历山大所征服之印度让于北印度王旃陀罗笈多，易大象五百只。

埃及亚历山大大将埃及总督（自前 323）托来美自立为埃及国王，是为托来美一世（在位年代前 305～前 283）。托来美复得叙利亚南部沿海之地。

罗马战胜萨漠奈人。

赵武灵王胡服骑射

赵武灵王雄才大略，即位之后，勤于国政，思光大先王功业，但赵国西有强秦，南有魏、韩，东有劲齐，难以发展；而东北的东胡、北面的匈奴、西北的林胡、楼烦等游牧部族，又经常以骑兵侵扰赵国，破坏边地农业生产和人民生活，迫近赵国腹心地区的中山国也曾倚恃齐国，侵夺赵国领土。赵武灵王决定趁中原地

战国铜武士俑。整个造型比例适度，发达的胸肌、鼓凸的肌腱，显示了强健的体型。

区各国互相攻伐之机，向中山国及北部游牧部族地区展开进攻，拓展领土。周赧王八年（前307），赵武灵王率军攻取中山国的房子（今河北高邑西南）之后，向北打到无穷之门（今河北张北），又折而向西到达黄河边，考察了赵国北面的游牧部族地区，对日后向北拓展领土的作战区域及有关情况作了详细的了解。赵武灵王发现，中原地区普遍使用的车战，在北方山地和丘陵地区并不适用，胡人骑马射箭的作战技术则显示出特有的长处，胡人穿短衣、束皮带、用带钩、穿皮靴的装束，又很利于骑马作战，于是他决定进行军事改革，学习胡人骑射战术以及与之相适应的短衣装束。

为推行这项改革，他首先请来大臣楼缓商议，向他分析了赵国的周边形势，认为赵国若没有强大的兵力自救，就有亡国的危险，因此必须学习胡人骑射技术，推行胡服，以增强赵国的军事力量。楼缓表示赞成。但其他大臣们知道后都极力反对。赵武灵王向大臣肥义表述了自己继承先王赵简子、赵襄子抗击胡人、翟人的功业，向中山国及北方开拓领土的志向，说明穿胡服是为了掌握骑射技术，提高赵国战斗力，削弱敌人优势，如此则可事半功倍，不耗尽民力而能光大先王勋业。他对群臣、百姓囿于世俗，不了解自己意图而妄加议论感到忧虑。肥义认为，愚昧的人看到事情做成后才明白，聪明的人却能在事先就看清楚，因此讲究最高德行的人，不必理会世俗之见；成就大功业的人，岂能与凡人商议。从前尧为了取得成功，曾在苗人中舞蹈；禹

053

为了取得成功，曾在裸国中脱去衣服。俗语说"做事犹豫就不会成功，行动犹豫就不能成名"。他希望赵武灵王坚定决心，不必顾虑世人议论，不要犹豫不决。赵武灵王得到肥义支持，遂坚决在赵国倡行胡服，带头穿上胡人服装，又说服叔父公子成身穿胡服上朝，对封建贵族赵文等人的反对意见严词驳斥，下令在全国推行胡服，并招募士兵进行骑射训练。

赵武灵王的改革很快收到了效果。周赧王九年（前306），赵北攻至中山之宁葭（即曼葭，今河北石家庄西北）；西略林胡（少数民族部落，分布于今陕西东北部和内蒙地区）之地至榆中（今内蒙古伊克昭盟东部），迫使林胡献马求和。次年，赵再取中山之丹丘（今河北曲阳西北）、华阳（今河北唐县西北）、鸱之塞（又作鸿上塞，今河北涞源南）、鄗（今河北高邑东南）、石邑（今石家庄西南）、封龙（今石家庄西南）、东垣（今石家庄东北），迫使中山国献四邑始罢兵。中山经此重创，不久灭亡了。胡服骑射不仅拓展了赵的疆土、壮大了赵的实力，而且使赵国继晋之后与燕国同为北方民族融合的中心，也为中原的生活方式带来了新的因素。

中国产生气功

气功是通过调身、调息、调心相结合，以内外兼练、动静相兼的自我身心锻炼的功法。它是中国古代流传下来用于医疗保健等各种功法的总称。古称吐纳、导引、行气、食气、服气等。练功者通过对身心（形体和精神）呼吸等进行特定的自我锻炼，而调动生理潜能，培育人体真气（体能及其信息），达到防治疾病、保健强身、抵抗衰老、延年益寿的目的。气功一词始见于晋代许逊《净明宗教录》。据《吕氏春秋·古乐篇》记载，

战国行气玉佩铭。这是我国已知最早的气功专门文献的珍贵文物，论述了气功调息的方法要领。

我国4000多年前已有气功，但普遍认为气功产生于春秋战国之际。由于医、儒、道、武、杂、俗等诸家的努力，春秋战国时对诸如气的形成、养气练功的方法、要领及气功的作用等等形成了一整套认识并逐渐发展成后来不同的气功流派。

关于中国气功产生的最早的证据是战国时代的行气玉佩铭，它是刻在一个十二面体的小玉柱上的铭文，共计有 45 字，其文为："行气，深则蓄，蓄则伸，伸则下，下则定，定则固，固则萌，萌则长，长则退，退则天。天其春在上，地其春在下。顺则生，逆则死。"这是我国已知最早的气功专门文献的珍贵文物，论述了气功调息的方法要领。

秦甘茂攻宜阳

甘茂是一位博学多才的能人，时人称之为"杂家"。周赧王六年（前 309），他出任秦武王丞相。为相一年，秦武王即命甘茂率兵攻韩国大县宜阳（今河南宜阳西），以为进攻

战国镶嵌卷云纹兽首形辕饰。车马饰件。此件制作精美华丽，是战国时期错金银细工艺的代表作之一。

周室王城并最终独霸天下打开局面。甘茂深知攻取宜阳并非易事，秦臣中亲韩的樗里疾、公孙奭也会极力反对，若不周密考虑很可能身败名裂。于是甘茂请求先去魏国，相与结约共同伐韩。秦武王命宠臣向寿随往。甘茂到魏国，取得魏襄王支持。甘茂取得魏国支持后，让向寿回国，请求秦武王不要攻韩，并许诺，事成之后功劳全归于向寿，向寿遵其嘱咐行事。其后，秦武王到息壤（今陕西西安西北）迎接甘茂，并问及不攻打韩国之故。甘茂说，宜阳是大县，韩国已在那里积聚大批物资，名义上是县，实际上是郡。要越过许多险阻之地，行走千里路程去进攻它，非常困难。而我现在是寄居秦国的一介客臣，樗里疾、公孙奭是秦国公族，在我攻打宜阳而未攻克时，他们会站在韩国一边加以反对，您一定会听信其言而改变主意。这样，不仅是您欺骗了魏襄王，而且我会遭到韩相公仲侈的怨恨，后果不堪设想。秦武王听后表示，决不改变对甘茂的信任，并和他在息壤订立盟约。

周赧王七年（前 308），甘茂率大军攻打宜阳。其时，周臣游腾建议韩相公仲侈割地与赵以结成联盟，共同威胁魏国，迫使魏叛秦，秦国失去魏国支持，宜阳就不会被攻破。公仲侈采纳其建议，使魏国没有履行与甘茂之

约出兵伐韩，又派人到楚国搬救兵，但东周君劝说楚将缓往救韩，陈轸认为秦国志在必得，也劝楚怀王不去救韩，楚军便未积极参战。秦军攻打宜阳五月之久，仍不能攻克，死伤甚多，以至三次击鼓，士卒也不肯上前攻城。在樗里疾、公孙奭极力反对下，秦武王发生动摇，准备命甘茂退兵。左成为甘茂分析时势，认为国内有樗里疾、公孙奭的责难，国外又与公仲侈结怨，如果无功而退，甘茂在秦国就难以立足。故甘茂坚持继续攻打宜阳，他提醒秦武王有息壤之盟在，使其不再犹豫，并派大军驰援。为了鼓舞士气，他还拿出私家钱财，增加对将士的赏额，宣称再攻不下宜阳，就葬身于城下，军队士气大增，终于一举拔城，杀死韩军六万人。随后又渡过黄河，攻取武遂（今山西垣曲东南），并就地筑城，韩襄王被迫派韩相公仲侈到秦国请和。

秦武王举鼎绝膑·秦魏冉平定内乱

秦武王勇武有力，喜好与人较量，大力士任鄙、乌获、孟说都因此被秦武王擢拔为高官。周赧王八年（前307），秦武王与孟说比赛举赤鼎，折断胫骨，双目出血，到八月即死去，孟说为此被灭族。秦武王娶魏国女子为后，无子。故秦武王死后，诸弟为争夺君位，纷争不已。朝臣和惠文后、武文后等拥立武王同母弟公子壮即位，而芈八子（即宣太后）和她的异父弟魏冉则拥立武王异母弟公子稷即位。这场王位纷争持续三年之久。魏冉一方最终取胜，公子稷成为新一代秦王，即秦昭王。

昭王年幼，宣太后听政，以魏冉（楚人，昭王母宣太后异父长弟）为将军（秦始置将军）以防不测。周赧王十年（前305），公子壮在大臣及惠文后、武文后支持下，再度与昭王争夺君位，并即位为"季君"。将军魏冉果断地诛杀公子壮及其党羽，并将武文后逐回魏国，平息了内乱，巩固了昭王、宣太后和自己的地位。

战国鸟形匜鼎

秦武王作田律

　　青川木牍出土于四川青川县郝家坪战国墓群，长 46 厘米，宽 2.5 厘米，厚 0.4 厘米。木牍是楠木，字体是墨书秦隶，端庄秀丽，精细工整，笔势流畅，字迹清晰。内容可分为三部分：一是秦武王命更修田律。记载秦国在武王二年（前 309）十一月初一，秦武王命左丞相甘茂更修田律一事。二是新颁律令内容。对经界、阡陌、亩顷、封疆等作出明确规定。三是律令实施过程。详尽记载了三年秋八月修封埒正疆畔及除草，九月整治道路，十月造桥，修坡筑堤以利津梁等几件大事。

　　青川木牍反映了秦武王时期田亩制度的政策法令，对古代土地制度的研究提供了珍贵的实物资料。

战国青川木牍。青川木牍反映了秦武王时期田亩制度的政策法令，对于古代土地制度的研究，提供了珍贵的实物资料。

孟轲与世长辞

　　赧王十年（前 305），儒家亚圣孟轲去世。

　　孟轲（前 390 ～ 前 305），战国中期邹人。他曾游历过宋国、滕国、魏国、齐国。最后，孟轲退居于邹邑。孟轲在奔走各国期间努力宣传王道和仁政，激烈抨击某些国君的虐政和霸道。他主张效法先王，推行尧舜之道。他将政治体制分为"霸道"与"王道"两种，认为只有行"王道"者才能成为圣王，为天下所尊崇。

孟轲像

　　他是个极端天命论者，但他的天命是通过民意、时势体现的，于是就在

孟子出生地凫村

孟府。山东邹县的孟府,是孟子后人居住之所。元至顺二年(公元1331年)封孟子为邹国亚圣公,自此孟府也称亚圣府。

诸子百家思想

一个不可确说的势、时上将天命与世界结合了起来。同样的方法也见于他的思想的主体:性善论。他也提出了一个类似的,像水流一样的东西:"性",

孟庙碑刻。"孟母三迁"和"断机教子"的故事,展示了孟子成才的道路。从现存于孟庙中的这三块碑碣,可以辨认孟子勤勉学习、传播儒学的足迹。

将人心与人的行为结合了起来,因此他的绝对心论就通过一个不可确说、只能用流水比喻的性来实现了。在此基础上他提出了养心、养气的说法,并且把孔子所未能实现的德政的实施办法归结为当权者的一点善心。孟子的内容(德政等)为汉代继承,他的心、性的概念为新儒家接受,虽然他并未将

天命与心看作一回事。中国的心理学从孟子开始。孔子的性习分立以及智力差异启其端,但孟子是关键。他从本体论上借用来一个模式,用来说明心和行之间有一个性,规定性的性质如流水,并成为性善论的大师。其实他的性善论是心善论,他以恻隐、羞恶、辞让、是非为心本有,才发展为仁义礼智。进而他提出了先天的良能良知。孟子的心、性、智等概念都是当时经常讨论的问题,但他给出了一个心理结构并建立了心的先天论基础,是真正的心理学理论。

易传形成

　　《易传》是中国儒家学者对《易经》所作的解释，共有十篇：《彖》上、下，《象》上、下，《文言》，《系辞》上、下，《说卦》，《序卦》，《杂卦》。又称"十翼"，翼有辅助之义。《易传》形成于战国时期，至于"十翼"各篇形成的年代和作者，有各种不同意见。

　　《易经》本为占筮之书，《易传》加以阐释，使其哲理化，这种解《易》的学风春秋时代就已开始，《左传》、《国语》中对于筮法、卦象和卦爻辞的解释，已孕育着哲理化的萌芽。孔子就是这种学风的

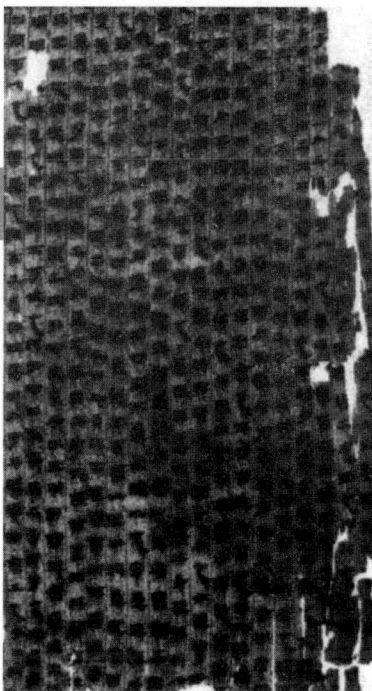

西汉帛书《周易》（残页）

倡导者之一。《易传》在中国哲学史上占有重要地位，其中影响最大的是《彖》与《系辞》。《彖》把"天地盈虚，与时消息"视为自然界与人类生活的普遍法则，承认世界处于不断的变化过程之中，并且有其永恒的规律。认为从天地万物到人类都存在着对立与统一的关系，或者相吸引，如"天地感而万物化生"；或者相排斥，如"水火相息，二女同居，其志不相得，曰革"，而对立的事物又具有统一性，所谓"万物睽而其事类"。《系辞》以"一阴一阳之谓道"说明任何事物都具有两重性，是中国古代哲学中两点论的代表。《系辞》提出"刚柔相推而生变化"，"生生之谓易"，将乾坤、刚柔、天地、寒暑、男女、爱恶等对立面的相互作用，以及相取、相荡、相攻、相摧、相感等，看成是事物变化的普遍法则和万物化生的泉源；以对立面的互相转化说明事物变化的过程；以"穷则变，变则通，通则久"，说明事物须经变革方能发展前进。这些都为中国古代辩证思想的发展奠定了理论基础。

战国金银带钩

带钩是先秦时代中国衣物的重要部分，由于它带有装饰性，因而在带钩上凝注了大量艺术创造。在现已出土的战国金银器物中，金银带钩是其中相当重要的一种。中原地区和长江流域都有较多发现。河南省辉县固围村战国魏墓出土的包金嵌玉银带钩，长 18.4厘米，中宽 4.9 厘米，带钩呈琵琶形，底为银托，面为包金组成的浮雕兽形，两侧缠绕着两条夔龙，至钩端合为龙首，口衔一雕琢精美、状若鸭首的白玉带钩。与两侧夔龙方向相反，夹绕着两只鹦鹉。钩脊上嵌三块穀

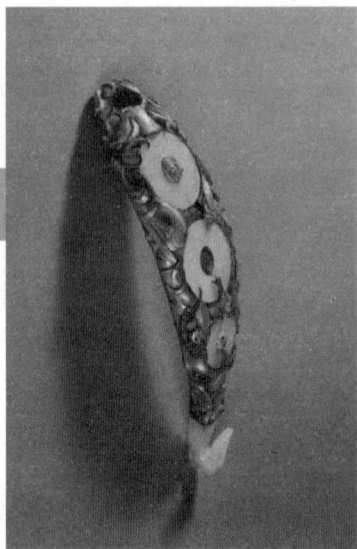

战国包金镶玉嵌琉璃银带钩。此带钩纹饰繁复，玲珑剔透，包金镶玉，雍容华贵，是战国带钩中的精品，代表了当时金银工艺的最高水平。

纹白玉玦，两端的玦中心还各嵌一琉璃珠。此带钩纹饰繁复，玲珑剔透，包金嵌玉，雍容华贵，为魏王室精品，也是战国金银带钩中的代表，标志着当时金银工艺的最高水平。山东曲阜战国早期鲁国故城出土的猿形银带钩是一独特的杰作。此钩通高16.7 厘米，形为猿猴攀枝状，猿身贴金，两目嵌蓝料珠，炯炯有神，姿态生动。猿身微作拱形，背面有一圆钮。银贴金器物在战国时代罕见。江苏涟水县三里墩战国墓出土有两件金带钩，一为"兽形金带钩"，长 12 厘米，重 275 克，带钩用铸造法制成。钩形为战国时期流行的琵琶样式。纹

战国猿形银饰。银饰铸成猿形，作振臂回首攀爬状。猿身贴金，两目嵌蓝色料球，炯炯有神。猿身略成拱形，姿态生动。背面有一圆钮，或为带钩一类的器物。

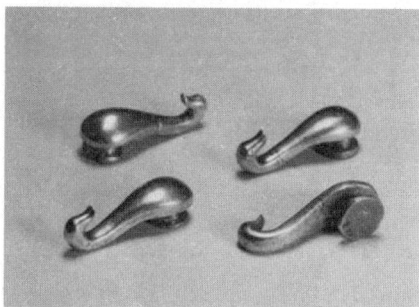

战国金带钩。带钩为铸造而成，钩似鸭首，鼓腹，通体光素无纹，腹下为一圆钮。整体造型似战国时期流行的琵琶样式。

样风格则与同期青铜器纹样风格相一致。将带钩朝上时，整个形象似一呈蹲坐状的怪兽，前肢抬起收于胸前，挺胸勾首，极为生动。另一件为"交龙金带钩"，长 7 厘米，重 56 克，此钩用铸造、透雕和剔刻等方法制作而成。钩端为一兽头，钩柄阴刻两条夔龙，钩身透雕成兽面形，原嵌有黑色料珠。湖北随县战国曾侯乙墓出土的金带钩风格则稍有不同，这些金带钩也为铸造而成，钩似鸭首，鼓腹，通体光素无纹，腹下有一圆钮。整体造型似战国时期流行的琵琶样式。

中国现存最早的大豆

中国是大豆的起源中心。秦代以前大豆一般称"尗"，后假借为"叔"，或作"菽"。卜辞中贞问"受菽年"而系有月份的，目前已发现有二片记载为二月及三月，可见商代大豆已有栽培。到西周时，"菽"在《诗经》中多处出现，如《豳风·七月》有"黍稷重穋，禾麻

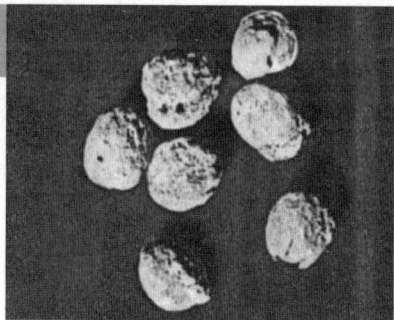

战国时期出土的大豆

菽麦"，说明大豆已是重要的粮食作物。"叔"在周代金文中写作㝅、叔等形，说明造字时已经注意到大豆根部有根瘤的现象。

大豆因不易保存，考古发掘中发现极少。迄今仅有山西侯马出土的战国时期 10 粒尚未炭化的大豆，以及黑龙江宁安县大牡丹屯出土的炭化大豆，都是距今 2000 多年的实物。此外在河南洛阳烧沟的汉墓中发掘出距今 2000 年前的陶仓，上有朱砂写的"大豆万石"4 字，同时出土的陶壶上则有"国豆一钟"字样，都反映了中国种植大豆的悠久历史。

战国

304 B.C.周赧王十一年

秦昭襄王冠。

秦王与楚王盟于黄棘，归楚上庸。

303 B.C.周赧王十二年

秦拔魏蒲坂、晋阳、封陵。秦取韩武遂。

齐、韩、魏伐楚，楚使太子为质于秦，秦救楚。

赵攻中山。

302 B.C.周赧王十三年

秦、魏、韩之君会于临晋，秦归魏蒲坂。

楚太子横自秦亡归。

301 B.C.周赧王十四年

秦蜀郡守恽反，秦使司马错诛之，定蜀。

秦、韩、齐、魏攻楚，败楚于重丘，斩首二万，杀其将唐昧，取重丘。

赵惠后卒（公子何母），赵王使周袑胡服傅少子何。

赵伐中山，中山君奔齐。

赵攘地北至燕代、西至云中、九原，置云中、雁门、代郡（史记赵世家，此当非一年之事）。

赵自五原河曲筑长城，东至阴山。

300 B.C.周赧王十五年

秦樗里疾卒，魏冉继为相。

秦攻楚，取襄城，杀楚景缺，斩首三万。

东周与西周战，韩救东周。

思想家宋钘约卒于本年（约前382～前300）。宋钘，亦称宋轻、宋荣、宋荣子，宋国人。曾在齐国稷下学宫游学。

304 B.C.

罗马分配被释放之奴隶及小土地所有者于城市部落。又公布司法程序，以免富有者操纵司法，上下其手。罗马获得坎佩尼亚地区之控制权。

301 B.C.

马其顿卡山得、利西马丘、塞流古相联合，战胜安提哥纳斯于伊普萨斯（小亚细亚），杀安提哥纳斯。塞流古分得叙利亚，利西马丘分得小亚细亚中部、西部，卡山得分得马其顿。

安提哥纳斯一世阵亡于伊普萨斯的诸王之战。巴勒斯坦重归埃及统治。

300 B.C.

罗马平民被接纳进教士职位。

庄子作《逍遥游》

战国中晚期，宋国著名哲学家庄子写成以《逍遥游》为主的一系列哲学著作，构成道家的重要理论，也成为道教的主要经典，对中国哲学、美学、文学和中国文化产生了深远的影响。

庄子（前369～前286）名周，宋国蒙（今河南商丘）人，他出身

老庄像。春秋、战国时期"诸子百家"中的道家，以老子和庄子为代表，合称"老庄"。清任熊绘的老庄像，表现的就是"庄生游道遥，老子守元默"的情形。

穷苦，靠打草鞋为生，一度在蒙做过漆园小吏，以后便终身不仕。庄子生性孤傲，曾拒绝楚威王的厚币相聘，一生过着贫困的隐居生活。

庄子学识渊博，才华横溢，常以寓言的形式表达哲学思想。他吸收老子《道德经》的思想，并进一步发挥，形成自己的思想体系。在先秦百家争鸣的学术氛围中，庄子哲学占有重要的地位，他因此与老子并称道家宗师。《逍遥游》充分体现了庄子哲学的内在禀赋和独特气质。而《逍遥游》的超然姿态又与万物齐一的观念以及忘却自我、与道合一的精神修炼紧密相关。所以《逍遥游》、《齐物论》与《大宗师》三篇自成一体，构成庄子哲学的基本架构。《齐物论》以相对主义的认识方式齐是非、齐彼此、齐物我；《逍遥游》主张各任自性的生存方式；《大宗师》以论道和修道为主要内容，说明达到逍遥游的修炼方法。

《逍遥游》是庄子哲学思想的中心，《逍遥游》一文以鲲鹏和蜩鸠为例，说明凡物各有自然之性，只要顺应自性，任性而生，就可以逍遥自在，恬然自得。鲲鹏不必因为自己大而傲视蜩鸠，蜩鸠也不必因为自己小而羡慕鲲鹏，两者虽有大、小之差，但都可任性逍遥。这个寓言阐释了求道应该从自性中寻找，道既是无形无相、自本自根、先天地生的绝对本体，同时道又普遍存在于万

物中，万物顺应自性存在，各有其本性，各有其生存方式，所以物与物之间又存在高低、贵贱的分别，从道的角度审视，万物齐一。逍遥游的生存方式与齐物论的哲学观点在这里统一起来。

不过，鲲鹏和蜩鸠这些动物虽然能任性逍遥，但还要依赖外界条件，只能达到有待的逍遥，这不是逍遥游的最高境界。庄子所追求的是绝对无待的精神自由——乘天地之浩气遨游无限宇宙。庄子肯定人通过自身修炼可以达到自由无待的境界，而且指出通过这种境界的修持方法，叫"心斋"或"坐忘"。意思是说，心、神专一，超越具体思维活动，保持身心虚寂进而忘却自身的存在与道合一，这时人的心神就可以不受外界条件限制，自由自在地遨游于道、我合一的无穷境域。

庄子描写的逍遥游，在许多人看来只是一种虚幻的仙境。事实上，庄子的"心斋"或"坐忘"不能理解为认识方法，由"心斋"或"坐忘"所达到的境界是一种审美体验，它丰富了中国美学。庄子的逍遥游开出的审美境界影响了中国艺术的发展，逍遥游体现的那种逍遥无待的道家风范为历代文人学者喜爱，成为中国艺术精神的一大特色。汪洋恣肆的文风使《逍遥游》成为中国文学史上的佳作，影响深远。

庄子及其后学的著作集成《庄子》，对后世形成多方面的影响。在宗教方面，它成为道教的一部经典，唐天宝元年诏号《庄子》为《南华真经》。哲学方面，《庄子》与《周易》、《老子》在魏晋时期并称"三玄"。玄学代表人物向秀、郭象发挥《庄子》的思想，作《庄子注》。在文学史上《庄子》也占有重要地位。此外，历代思想家都借注释《庄子》发挥自己的思想。

老庄并称为道家宗师，但其实他们不同的地方远多于相同的地方。庄子的本体论是其艺术哲学的一个模式翻版。

庄子以音乐和乐人作为他的主要思想（甚至孔子、颜渊在他的书中也如此），他的"虚静恬淡"的仙人之乡是一种旋律虚化所构成的世界（与理念世界迥然不同），是与言不同的意，而达到它的方式就是游，是主体的一种超越活动。心斋是忘我，是对主体客体同时超越，进入一个"道"和"和"的世界。

与这个世界相似的是老子的道，因而庄子才成为道家（但其实二者是不同的，道更多的具有唯理性质，它的能生性更有逻辑意义），他把老子的道作为一个对象，但赋予道的是驱驰、变动，也就是游的性质，这就与老子拉开了距离。

庄子大量使用比喻手段（河水、大鹏、仙人、梦蝶），这是他的气质，用来表现游的特质（因而他并没有对它本身作有意义的独立刻画），他达到这个境界与他的艺术气质有关，因而后代人无论如何模仿都达不到他的水平，因为他的关键不在所达到的世界而在于达到这个世界的方法，这才是庄子的魅力所在。

齐魏韩合纵攻楚

秦昭王即位后，宣太后、魏冉主持国政，与楚国友善修好，既用重礼馈赠，又将上庸（今湖北竹山西南）归还楚国，楚国遂断绝与中原诸国的合纵关系，与秦国在黄棘（今河南南阳南）缔结盟约。孟尝君田文担任齐相后，为了操纵弱小侯国，迫使强国屈服，进而兼并土地，扩展势力，采取远交近攻的合纵策略。秦昭王即位之初，秦国忙于平定诸弟争夺君位的内乱，齐、魏、韩、

战国镶嵌云纹羊形盂。用途未详。形似卧羊，伸颈，两眼凝视前方，神态安祥传神，颈下体扩大为盂。通体用纤细的银丝嵌错流云纹。制作精致，反映了战国时期金银错镶嵌工艺的高度水平。传陕西汉中出土。

战国镶嵌几何纹方鉴。温酒或冰酒器。鉴口与颈部有错金嵌绿松石复合菱形花纹，花纹精细，构图工整。错金丝非常整齐，器表磨错平整光亮。

065

楚等国结为合纵同盟。此时楚国背弃合纵之约而与秦国交好，齐、魏、韩三国合兵攻伐楚国。楚国向秦国求援，并以太子横为人质赴秦，同时又派人游说主持秦政的魏冉，向他陈述各国利害。魏冉听后，深以为是，遂派客卿通带兵前往救楚，齐、魏、韩三国闻讯撤兵。

其后，太子横与一秦国大夫发生私斗，将其杀死，并私自逃回楚国。导致秦、楚两国交恶。齐国趁机再次攻楚。前301年，齐国联合宋、韩等国向楚国发动进攻，宋国原想持中立立场，慑于齐国压力，同意随齐伐楚。楚国发现后，派子象劝说宋王偃。宋王偃听后，决定依然持中立立场，不再派兵攻楚。秦国见齐正发动对楚战争，便想与魏国一同参与伐楚，魏襄王不同意，楼烦认为魏国不与秦攻楚，楚就会与秦联合攻魏，因此，不如主动攻楚。魏襄王遂同意出兵，形成齐、秦、魏、韩四国联合攻楚之势。齐将匡章、魏将公孙喜、韩将暴鸢率三国联军攻打楚国方城（楚国长城，环绕在于河南方城西、南、东三面），秦国则以芈戎为将攻打楚国。昭睢受命率楚兵抵御秦国，他建议楚怀王再拨楚兵，以向秦表示必战之决心。秦国稍攻占城邑后必然撤兵，而不愿与楚国相互消耗，使齐、魏、韩得利。楚怀王听从其建议，增拨兵力。秦军攻占新市（今湖北京山东北）后，果然未再继续进攻。在方城方面，楚国以唐眜（一作唐蔑）为将，与三国联军夹沘水对阵，三国皆不知河水深浅，不敢贸然渡河，彼此相持达六月之久。联军最后从樵夫处访知，凡楚国防守密集之处河水均浅，匡章便派精兵于夜间渡河发动进攻，在沘水畔的垂沙（今湖北唐河西南）大败楚军，杀死楚将唐眜，韩、魏攻取宛（今河南南阳）、叶（今河南叶县西南）以北的大片领土。此役史称"垂沙之役"，或称"重丘之役"。

冯谖为孟尝君焚券书

冯谖（一作冯谖、冯煖）原是齐国贫士，因孟尝君田文广招门客，便寄身于其门下。最初被列为下等门客，待遇低微。他三次弹剑吟唱，抱怨吃饭无鱼，出门无车，无以养家。孟尝君遂给予上等门客待遇，并供养其老母，冯谖方才安心留下。孟尝君在薛邑放高利贷，某年收成不好，借债者多不能偿还利息。孟尝君命冯谖去收债，行前要他留心家中尚缺何物，到时用收得的债款买回。冯骢到薛邑后，杀牛备酒置办宴席，将借债者全部请来。席间，冯骢与他们一一验合债券。有能力偿还者，就与之约定期限；无力偿还者，则收回债券，当众焚毁，宣称这是孟尝君抚爱百姓，因而免除众人债务。百姓感激无比，欢呼万岁。孟尝君得知此情后极为不满，责怪冯骢办事无方。冯骢认为，孟尝君府中珍宝美女充盈，富庶之极，缺少的是"义"，即对百姓的抚爱，他声称，自己的所为不过是要为孟尝君买义。孟尝君心中依然不悦，但也无奈，只得作罢。后来孟尝君被齐湣王免去相职，顿时失势，但薛地百姓扶老携幼前往迎接，孟尝君方悟买"义"之不可少，由此更加看重冯骢。

燕下都水道管口

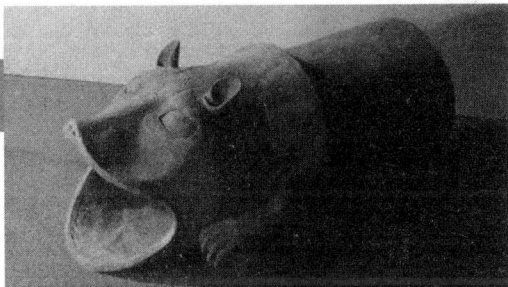

以陶烧制排水管道，最早在商代，比古罗马陶水管（赤陶）早出近 1000 年。不过，目前发掘出的中国最早的排水管道是属于战国时代的虎头形陶水管道口。虎头形陶水管道口出土于河北易县燕下都城，

燕下都虎头形陶水道管口。此件为排水管道，其出水口呈虎头形，张口瞪目，双耳后竖，两足平伸，四爪着力。虎头形陶水道管口造型生动，手法夸张，巧用虎头张口形态，作排水管道口。

质地为陶，出水口呈虎头形，张口瞪目，双耳后竖，两足平伸，四爪着力。此水道管口造形生动，手法夸张，巧用虎口为排水管道口，平添了建筑的美感，反映出我国古代人民丰富的想象力和创造力。这种艺术处理后来逐渐形成中国建筑的一种手法。

中山国兆域图

前 3 世纪初中山王及王后所做的"兆域图"是现存最早的陵墓规划图。"兆域"意为墓址或陵墓区，这是以平面图形式反映建筑规划最早的一个实例，具有很高的学术价值。兆域图是用金银在 1 块铜板上镶嵌出来的，图上详细

战国中山王陵设计透视图

地标出了陵墓各部位的尺寸。

兆域图所示王陵的平面布局是：外部有两道长方形的宫墙，中宫墙和内宫墙。内宫墙以里是 1 个长方形的高台，台上整齐地排列 5 个享堂，中央三堂大小相等，居中为王堂，左为王后堂，右为哀后堂，两旁还各有 1 个夫人堂。在后部的内宫垣与中宫垣之间还有 4 个小院，从左至右分别为人将宫、执旦宫、正奎宫和疮宗宫。

将图中所注战国时的尺寸，换算成公制，内宫墙长 329 米，宽 88 米；中宫墙长约 414 米，宽约 191 米；外宫墙没有记载，但依据附近的碑刻推测，其范围约有 3 公里左右，宫墙之内还有园囿和池沼，其规模是相当可观的。

战国兆域图铜版。此图描绘了战国时代中山国王的陵园总图。为目前已知最早的建筑规划设计图。

王堂、王后堂及哀后堂，也就是中间三享堂均方 44 米，三堂间距 22 米，旁边两夫人堂方 33 米，后面四宫方 22 米。王堂及王后堂是一座以回廊环绕的高台式建筑。

从兆域图所反映的陵墓规划看，在战国时期，人们在处理陵墓这种纪念性建筑方面已经很有经验了，严格的中轴对称式布局，庄严肃穆，如山一样高大雄伟的高台建筑，具有很强的纪念性，把高台建筑与享堂相结合，也许是这一时期的创造。兆域图所表现的出色、完美的设计思想是很宝贵的。

楚辞兴盛

战国后期，在南方的楚地，楚辞的创作大放光彩，成为战国时代中国诗的主流。楚辞是屈原在楚地民歌基础上改造而成的一种新诗体，其名称最早见于汉初，人们用它来称指屈原、宋玉等人的作品以及汉代作家的模仿之作。当时这种文体又简称"辞"，或与赋连称为"辞赋"，由于它以屈原的《离骚》

九歌图卷局部

为代表，所以有"骚"之名。

宋代黄伯思在《校定楚辞序》中说："盖屈宋诸骚，皆书楚语，作楚声，记楚地，名楚物，故可谓之楚辞。"在南方的江汉沅湘流域，有着和中原地区不同的自然条件。当地人民在那里"筚路蓝缕，以启山林"，创造了灿烂的楚文化。春秋战国时代，楚国又接受了中原文化的影响。楚辞就是楚文化和中原文化相结合的产物，它的语言、形式、风格以及其中的神话传说、历史人物、风俗习尚、山川物产等等，都带有鲜明的楚国地方色彩。

楚地有浓厚的宗教气氛。民间祭祀时使巫觋"作歌乐鼓舞以乐诸神"。这种祀神的巫歌与音乐舞蹈结合在一起，风格热烈活泼，富于浪漫情调。《九歌》本来就是这种民间祭歌，屈原把它们加工改造成了楚辞。另外，战国时代纵横驰说、铺采骋辞的文化气氛和当时散文中的繁辞华句，也对楚辞的出现产生了一定影响。

屈原去世后，在楚襄王年间，出现了宋玉等一大批楚辞的作者，兴起了具有浪漫主义色彩的文学潮流，是中国纯文学诗歌的第一个高潮。

除开《离骚》之外的楚辞是战国的杰出作品，《九章》和《九歌》都是充满了瑰丽色彩的作品，《九章》以强烈的感情著称，色调浓重、意象丰满。

069

《天问》则用一百七十个关于自然和历史的疑问构成了丰满、浓厚、深刻的意象，和意象之间参差错落的纤浓风格。《招魂》诡异，《东皇太一》等庄严，《湘夫人》等凄清，《国殇》激越。屈原的诗歌优美而丰富，是中国最早的文学创作，但同时也达到了相当高的水平。

与此同时产生的历史散文（《国语》、《左传》等）也表明战国文章的文学化，特别是《战国策》的夸张的论辩和叙事也达到了这一品格。哲学政治散文在文学史上也引人注目，不但大量使用韵文，庄子的形象性、孟子的气势都与屈原诗歌一起构成了战国文明文学主体。

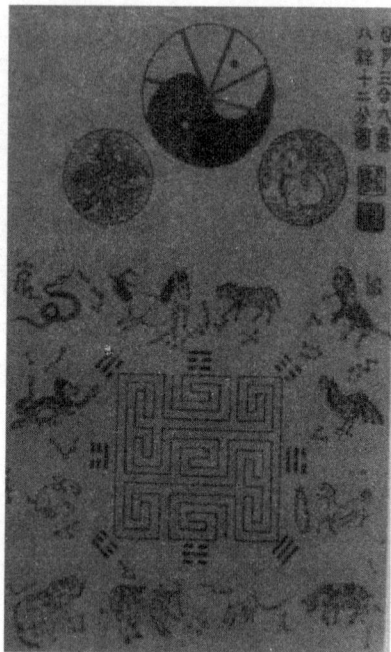

《天问图》。清初画家萧云从作。该图上部中间为一阴阳符号，表示古人对宇宙起源的认识。左为太阳，绘有中国古代表示太阳的三足鸟。右为月亮，绘有中国古代表示月亮的玉兔。

299 ~ 291B.C.

战国

299 B.C. 周赧王十六年

魏襄王二十年，《竹书纪年》编年止此。

赵武灵王废其太子章而传国于少子何，自号主父。

楚怀王入秦，秦留之；楚大夫立太子横，是为顷襄王。

齐孟尝君入秦为相。

298 B.C. 周赧王十七年

孟尝君自秦亡归，仍相齐。

魏与齐、韩共击秦于函谷，秦割河东三城讲和，三国之兵乃退。

赵以公子胜为相，封平原君。

秦伐楚，大破楚军，斩首五万，取十六城。

297 B.C. 周赧王十八年

楚怀王自秦亡之赵，赵弗纳，秦追及之，执之以归。

296 B.C. 周赧王十九年

楚怀王卒于秦，楚与秦绝。

赵主父与齐、燕共灭中山、迁其王于肤施。

295 B.C. 周赧王二十年

秦楼缓免，穰侯魏冉为相。

294 B.C. 周赧王二十一年

秦左更白起攻韩新城。

293 B.C. 周赧王二十二年

韩、魏攻秦，秦白起败之于伊阙，斩首二十四万，拔五城，又涉河取安邑以东，至乾河。

291 B.C. 周赧王二十四年

秦丞相寿烛免，复以魏冉为丞相，封于穰及陶，号穰侯。

名城宛（今河南南阳）先属楚，后归韩，是年为秦攻取。与邓均为冶铁业中心。楚、韩以铁兵器锋利著称。

298 B.C.

马其顿王卡山得死，子亚历山大五世与安提帕得分马其顿为二部，各统治一部。

罗马与萨谟奈人第三次战争。

295 B.C.

罗马大败萨谟奈与高卢人的联军于森太那婿，高卢人溃散。

欧几里德著《光学》（约前295）

萨谟奈人向罗马求和。

屈原作《离骚》

屈原像

周赧王十六年（前 299 年），屈原被放逐。他"忧愁幽思"，看到楚国的政治现实和自己的不平遭遇，"发愤以抒情"，创作了一首政治抒情诗——《离骚》。由于诗中抒写出诗人自己的身世、思想和遭遇，也有人把它看作是诗人的自传。

《离骚》前部从自己的世系、品质、修养和抱负写起，回溯了自己辅佐楚王所进行的改革弊政的斗争及受谗被疏的遭遇，表明了自己决不同流合污的政治态度与"九死未悔"的坚定信念；中间部分总结历史上兴亡盛衰的经验教训，阐述了"举贤授能"的政治主张，并从而引出神游天地、"上下求索"的幻想境界，表现了对理想的执着追求；最后部分是在追求不得之后，转而询问出路，从中反映了去国自疏和怀恋故土的思想矛盾，终于不忍心离开自己的祖国，最后决心以死来殉自己的理想。诗中塑造了具有崇高品格的主人公形象，反映了诗人实施"美政"、振兴楚国的政治理想和爱国感情，表现了诗人修身洁行的高尚节操和嫉恶如仇的斗争精神，并对楚国的腐败政治和黑暗势力作了无情的揭露和斥责。这正是《离骚》作为政治抒情诗的精神实质和不朽价值。《离骚》是屈原用他的理想、遭遇、痛苦、热情，以至于整个生命所熔

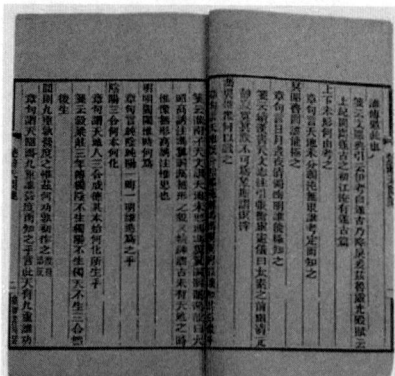

《天问》书影。屈原在《天问》中，一连提出一百多个问题，上问天，下问地，包罗万象，充分表现出屈原强烈的社会责任感和浓郁的浪漫主义色彩。

铸而成的宏伟诗篇，其中闪耀着诗人鲜明的个性光辉，这在中国文学史上，还是第一次出现。诗中大量运用古代神话和传说，通过极其丰富的想象和联想，并采取铺张描叙的写法，把现实人物、历史人物、神话人物交织在一起，构成了瑰丽奇特、绚烂多彩的幻想世界，从而产生了强烈的艺术魄力。

屈原是中国第一个文人诗人，此诗是战国最杰出的文学作品，在形式、文学手法上都是空前的，在文化意识上表现出战国文明上升的深广性。

秦诱执楚怀王

周赧王十六年（前299）秦对楚国发起进攻，攻占八城。随后，秦昭王向楚怀王遣书致意，回顾当初结为兄弟，在黄棘（今河南南阳南）结盟，两国关系交往融洽等往事，又解释说，

战国攫蛇雄鹰。雄姿英勇，威震恶蛇，象征楚王争霸的气概。

只因楚太子杀死秦大夫后，未道歉就私自逃回，这才兴兵攻楚。信中对楚国让太子到齐国做人质，与齐国交好表示不满，认为秦、楚两国边境相邻，历来互通婚姻，友好相处，如今两国交恶，难再号令诸侯。因此他希望与楚怀王在武关（今陕西商洛东南的丹江旁）相会，结盟订约。并表示愿帮助楚国攻打韩、魏，夺回失去的土地。楚怀王感到很为难，去了怕上当，不去又怕会激怒秦昭王。楚臣昭雎认为，秦国不可信任。但是楚怀王的儿子兰认为，不应拒绝秦国的好意。楚怀王决定去武关会见秦昭王。消息传到赵国，有个大臣分析了天下的形势，认为赵、魏、韩三国联合，秦国就显得势弱，不敢攻打；秦国见三国联合，无利可图，就会扣留楚怀王，逼迫楚国割让土地。赵武灵王便派兵到魏国、韩国，协助戍守西部边界。秦昭王见赵、魏、韩三国联合，自知难以图谋，果然转而向楚国索取领土。他将楚怀王从武关挟持到咸阳，待之如属国臣子，不行平等礼仪，并要挟他割让巫郡（今湖北省清江中、上游和四川省东部）、黔中郡（今湖南省西部和贵州省东北部）。楚怀王见自己受骗，非常愤怒，拒绝了秦的无理要求。秦昭王便将楚怀王拘留在秦国。周赧王十八年（前297），楚怀王试图逃走，被秦兵抓回，第二年病死在秦国。

孟尝君好客·鸡鸣狗盗出关

诸子百家思想

　　齐国孟尝君好养门客，在战国养士风气中，尤为突出，并以成为其统治资本。

　　在薛（在今山西滕县南）时，他经常设宴招待来往宾客和一些逃亡者。对这些宾客，孟尝君都用厚礼厚待，食客数千人，一律不分贵贱，平等对待。孟尝君接待来客时，都使一侍史藏于屏风后面，记录他与来客的对话，特别是来客的亲朋戚友的住处。等来客走后，孟尝君便派人往来客的亲朋戚友住处送去厚礼。一次，孟尝君招待来客夜宴，有

战国铅跪人。脸扁平，鼻隆起，头顶有髻形饰物，双手持筒状物，跪坐。战国时代盛行用人的形象作为器物的组成部件。战国铜跪坐人漆绘灯，清楚地说明了这类器物座的用途。

一个食客因灯火照明不足的关系，以为饭菜分量不平等，十分愤怒，辍食辞去。孟尝君起来亲自端饭菜比较。这个食客十分惭愧，当场自杀。食客们都以孟尝君为知己。

　　周赧王十四年（前301），秦以泾阳君公子市为人质，求孟尝君入秦。周赧王十六年（前299），孟尝君入秦，秦昭王以孟尝君为相。孟尝君担任秦国丞相，有人对秦昭王进谗言，认为孟尝君是齐国王族，一定会先齐后秦，秦国很危险。此时，赵国也派楼缓到秦国活动，促使秦国免除孟尝君的相位。秦昭王听后深以为然，罢免了孟尝君，并拘禁他，准备处死。孟尝君知情况危急，便派人见秦昭王宠幸的爱妾，请求解救。爱妾提出要孟尝君那件价值千金、天下无双的白狐皮袍。但此物他已送给秦昭王。孟尝君询问门客，寻求变通之法。一位善于偷盗的门客表示，可以将白狐皮袍偷出。于是半夜模拟狗的形状、动作，偷回那件白狐皮袍。秦昭王爱妾见物大喜，便向秦昭王求情。秦昭王下令释放孟尝君。孟尝君一脱身，立即驾着车飞速离去。半夜时赶到

函谷关，根据规定，关防之门要到鸡鸣时才能打开，孟尝君一行无法出关。危急时刻，门客中一人便模仿鸡叫，引起众鸡皆鸣，于是得以出关。

周赧王十七年（前298），孟尝君从秦国逃回齐国。孟尝君当初去秦国，是齐湣王之意，此举险些使他丧身。齐湣王对此感到内疚，故再次任用孟尝君为相，主断政事。孟尝君从此在齐国专权。

赵武灵王禅位·困死沙丘

周赧王十六年（前299），赵武灵王为专心致志于军事，完成攻伐中山国及林胡、楼烦，拓展北方领土的大业，决定将王位传给王子何。五月戊申日，赵武灵王在东宫举行大规模朝会，立太子何为王，是为赵惠文王。其时赵惠文王仅十岁左右，故又任肥义为相国，辅佐朝政。禅位后，赵武灵王自称主父，身穿胡服，率领将士到西北夺取林胡、楼烦之地，准备再从云中（今内蒙古托克托东北）、九原（今内蒙古包头西北）径直南下袭击秦国。为了摸清秦国地形，赵主父伪装成使者进入秦国。秦昭王见他形貌伟岸，谈吐不俗，绝非为臣子者风度，仔细询问，方知是赵主父，一朝上下，无不惊愕。

周赧王十九年（前296），赵主父率军经过五年攻战，灭亡中山国。回国后，论功行赏，实行大赦，又设筵庆功聚饮五日，封长子章于代郡东安阳（今河北阳原东南），号代安阳君。又任命田不礼为安阳君相，辅佐长子章。长子章一向骄奢放纵，田不礼残忍嗜杀而骄傲，将此二人立为封君和相佐，遂埋下日后篡乱之祸根。

周赧王二十年（前295），赵主父与赵惠文王游览沙丘（今河北巨鹿东南），分住各自的宫室。公子章和田不礼假托主父之命召见惠文王。信期告诉肥义，肥义先进去察看，被杀死。信期随即与赵惠文王一起与公子章交战。公子成和李兑闻讯从国都赶来，调发四邑之军前来平息变乱。公子章战败后逃到赵主父处。公子成、李兑率兵包围了赵主父的宫室，杀死公子章、田不礼，尽灭其党羽。公子成和李兑为捉拿公子章而包围主父宫室，怕赵主父将他们灭族，遂仍然包围主父宫室，命令宫室中人出来。宫中之人闻声都跑了出来。赵主父想出宫而不能，又无食物充饥，只得探鸟巢、掏幼雀以果腹，三个月后终于饿死。

赵武灵王年少即位，能勤于政事，勇于纳谏，尊礼老臣，不图虚名。后来推行胡服骑射，使赵国国力强盛。在他的经略下，赵国经过连年攻战，灭亡中山国，夺取林胡、楼烦部族的大片领土，使赵国成为北方大国，显示了他的雄才大略。

平原君好客·公孙龙论辩

周赧王十七年（前298），赵惠文王封其弟公子胜（即赵胜）于东武（今山东武城东北），号平原君。平原君赵胜礼贤下士，好宾客，食客达数千人。某日，他的爱妾在楼上见一驼背的跛者在打水，忍不住大笑。次日，跛者登门求见，请求平原君杀死爱妾，以表明他贵士而贱妾。平原君随口答应，却迟迟不做，门下一半多宾客大失所望，先后离去。平原君自知已留下了爱色而贱士的名声，后悔莫及，便将爱妾杀死，并亲自登门向跛者谢罪，于是离去的宾客复又归拢。

战国石卧牛。石牛作卧状，昂首前望，头顶有双角。躯体肥壮，充满活力。前蹄置于身躯两侧，臀部贴在地上，后蹄蜷曲在腹旁。花纹装饰，比例适当，细部不用图案花纹装饰，比较真实地表现了动物的形状。

公孙龙是平原君的门客之一，赵国人，战国著名的名家，他论述精微，创"离坚白"说。公孙龙认为一块石头的白色与坚硬的性质是相互分离的。当人们看一块石头时，可以看到它是白色的，却不能同时看到它是坚硬的；而人们摸这块石头时，可以摸出它是坚硬的，却不能同时摸出它是白色的。因此白与坚是相互分离的。

白马非马，也是公孙龙最著名的命题。公孙龙认为"白"是指事物的颜色，"马"是指一物的形体，描述颜色的概念与描述形体的概念是不同的，因此白马不等于马。白马非马如果是说白马不属于马类，那显然是诡辩，如果说白马非马是指白马的概念不等于一般的马的概念，那就是正确的。白马非马的命题强调了种概念与属概念的区别，在逻辑学上是有意义的。公孙龙著有《公孙龙子》，其观点除上述两点外，还有"指物论"、"通变论"、"名实论"等。

齐魏韩合纵攻秦

周赧王十七年（前298），孟尝君田文从秦国逃回齐国，重新担任齐相。他在秦国时被拘禁，险遭杀害因而怨恨秦国，便与魏、韩结成合纵之约，组织三国联军对秦国大举进攻。此前，中原各国虽有联合抗秦之势，但无实际行动。这次经过孟尝君的发动，齐、魏、韩三国联军对秦国展开进攻。经过三年激战，三国联军于周赧王十九年（前296）攻破函谷关（在今河南灵宝东北）。秦昭王想割让河东（今山西西南部）之地求和，但又举棋不定，便向楼烦请救。楼烦认为，割让河东，代价太大。免除国家之患，是朝中大事，应该询问王族父兄，秦昭王召其兄公子池咨询。公子池认为，割地求和会后悔，不割地求和也会后悔。割地求和，三国军队退走后，会觉得他

战国安邑下官钟。量器。圆壶形，敛颈，鼓腹，圈足。盖上置三环钮，腹部两侧有铺首衔环耳。盖饰云纹。自肩至腹饰四道横带纹，带上镶嵌松石。腹部有铭文27字，自名为钟，并记造器年代、官吏及容量。颈部刻一横线，有"至此"两字，系测量标记。口沿另有五字，记容积，字体与腹部铭文不同，为秦人字体。此系魏国器，后落入秦人之手。

们本来就要退走，后悔白白割让了土地；不割地求和，等三国军队进迫咸阳时，又会后悔当初没有割地求和而使咸阳危急。秦昭王权衡二者利弊，决定取危害小的作法，于是派公子池向三国求和，把以前攻占的韩国的河外和武遂（今山西垣曲东南）之地归还韩国，把以前攻占的魏国的河外和封陵（今山西永

077

济西南）之地归还魏国。三国接受了秦国的媾和请求，退兵而去。

战国嵌金银云纹鼎。饪食器。体呈扁球形，双附耳，三细蹄足。盖上三环钮。通身嵌金银。盖顶饰四瓣花纹，绕以云纹带两周。器口沿下饰云纹，下为弦纹及垂叶纹。足下亦饰云纹。

秦国的错金艺术

战国时代的秦国青铜艺术较为一般，比起以曾侯乙墓出土铜器为代表的南方青铜器和以中山王墓出土铜器为代表的北方青铜器来，在制作工艺上逊色得多。但是秦国青铜器在很多方面也有特色。战国晚期的错金银云纹犀尊，通体作犀牛形。首有两角，小目，颈及前腹有褶襞。背上有盖，可揭启。口侧设管状流。全身饰云气纹，错金银丝。造型栩栩如生，制作十分工细，从出土地点看当为秦人的杰作。

另外，咸阳还出土有错金银云纹鼎，该鼎体呈扁球形，盖上三环钮，附耳，三细蹄足。通身错金银。盖顶饰四瓣花纹，绕以云纹带两周。器口沿下饰云纹，下为弦纹及垂叶纹。足上亦饰云纹。战国错金银器，过去所知多属六国。此鼎出自秦都咸阳，形制有其特点，应为秦器。由上犀尊及此鼎可见秦人也有较高的错金银技艺，较之六国并无逊色。

战国错金云纹犀尊。形象属非洲犀牛一类。双角，目嵌料珠，黑黑光亮，昂首前视。金丝点点，断续错入花纹线条中，光灿瑰丽。背部开椭圆口，有盖，可以启闭。此尊在犀牛形体塑造上，符合解剖学原理，较准确地反映出犀牛的生理特征，又加以艺术提炼加工，成为我国青铜雕塑的优秀代表作品。

《竹书纪年》记事终结

前 299 年，《竹书纪年》记事终结。

《竹书纪年》是战国后期魏国人所撰写的一部编年体史书，是现今所知中国史学上最早的具有通史性质的著作。

《竹书纪年》所记内容，起自夏、商、周，迄于战国后期。于西周、春秋、战国，不分记各诸侯国事，独记晋国，韩、赵、魏三家，分晋后又独记魏国，至魏襄王二十年而止，故襄王为"今王"。

《竹书纪年》开编年记事通史的先河，是中国史学史上的开创性成果之一。同时，它对于订正其被埋没的这一期间所问世的有关古史著作，有重要的价值。

南宋以后，《竹书纪年》一书亡佚不存，于是辑佚本开始出现，内中以朱右曾辑录、王国维辑校的《古本竹书纪年辑校》较好，得佚文 428 条，为学者所重视。

秦韩魏伊阙大战·白起任大良造

周赧王二十二年（前 293），韩国以公孙喜为将，与魏国共同攻打秦国。秦相魏冉推荐左更白起代替向寿为将，与韩、魏联军大战于伊阙（今河南洛阳东南龙门）。秦军大胜，杀死联军二十四万人，俘获公孙喜，攻取五城。白起因战功卓著，被擢升为国尉，又带兵渡过黄河，夺取韩国安邑（今山西夏县西北）以东至乾河（今山西垣曲东）的领土。这是战国时代的大战之一。白起是秦国郿（今陕西西眉县东）人，擅长用兵，秦昭王时任职。周赧王二十一年（前 294），白起任左庶长，带兵攻占韩国新城（今河南伊川西南）；次年，升为左更。伊阙（今河南洛阳东南龙门）之战，大败韩、魏联军，战功卓著，被提拔为国尉。第三年，升任大良造。

战国

289 B.C. 周赧王二十六年

秦大良造白起、客卿错伐魏至轵，取六十一城。

288 B.C. 周赧王二十七年

十月，秦昭王自称西帝，遣魏冉立齐王为东帝；十二月复称王。

秦拔赵桂阳。

287 B.C. 周赧王二十八年

秦攻魏，拔新垣、曲阳。

286 B.C. 周赧王二十九年

思想家、文学家庄子卒（约前 369~前 286）。

《庄子》载"宋元君将画图，众史皆至"，争为作画以求生。"画史"为战国时专业画工。

《庄子》谓"吹呴呼吸，吐故纳新，熊经鸟伸，为寿而已矣"。此道（导）引之士、养形之人、彭祖寿考者之所好也"。气功疗法起源于道家养生术。

齐孟尝君田文相魏。

秦攻魏，魏割安邑、河内于秦。

秦将安邑、河内原来居民赶走，募民徙居河东，并赦罪人迁入两地。赵攻齐。秦败韩师于夏山。

齐与魏、楚灭宋，三分其地，宋王偃奔魏，死于温。

齐取楚淮北。

285 B.C. 周赧王三十年

秦蒙武击齐，拔九城，以为九县。

燕相乐毅说赵、楚、魏共攻齐。

287 B.C.

希腊科学家阿基米德约生于此年，公元前 212 年为攻入之罗马人所杀。

罗马独裁者荷尔顿喜阿斯领导通过立法，以后部落会议所通过之立法，不必经过元老会议批准，即成为正式法律，不再受贵族控制，于是平民的权利又得到进一步的提高，此次平民之胜利，亦系长期斗争之结果。

马其顿的狄密多留一世在军队叛乱中被废黜，由伊庇鲁斯国王皮洛斯取代，其地位随后又被亚历山大的前将军利西马库斯取代。

埃及王托来美二世立，袭埃及旧日法老制度，以其妹为后。托来美二世扩地至尼罗河上游，又沿红海向阿拉伯扩张势力。

韩国兵器

战国时代，诸侯间的兼并战争频繁而激烈，各国统治者非常注意兵器的铸造，韩、赵、魏、秦、燕、齐、楚等大的诸侯国，兵器由国家所造，其他由国王成丞相督造，一般设工师、丞、工尹等各级管理机构。有的由地方政府铸造兵器，一般皆由主管官吏"令"进行督造，下边设有左库、右库、工师、工尹等不同管理机关。并且在铸好的兵器上刻有各级主管官吏的名字，以示负责。其中韩国兵器及其刻辞又为代表。而三晋兵器在制造工艺和制度上尤为突出。

战国繁阳之金剑。兵器。外有象牙制成的剑鞘。剑身中线起脊，横断面成菱形，茎扁圆，无格。脊两侧有错红铜铭文"繁阳之金"四字。"繁阳"为战国时楚地，在今河南新蔡汝河北岸。

战国镶嵌缠缑剑。兵器。宽锷，剑首喇叭状，有格。格内两面饰兽面纹并嵌松石。剑首内饰同心圆纹。剑茎上缠有白绿缑。战国青铜剑出土甚多，保存缠缑者却极为少见。

在河南新郑"郑韩故城"发现的大量战国铜兵器中，刻辞有"郑右库"，是韩国兵器常见的一种刻辞。"郑右库"，指韩国之右库，因为韩哀侯二年韩灭郑，徙都郑。其他如"郑武库"，"郑坐库"亦是韩国兵器中较为常见的刻辞。其他如一戈之刻辞为"三年修余命（令）韩谁，工师甲痓，冶鬲"，刻辞中之命为地言官名，"工师"是当时国家官营工业主管官署，最后为冶者，指具体进行操作的工匠。三者名字各各注明，以示负责。又有在令之后与某

库工师之前增添一个官职的，形成了令、司寇、某库工师和冶或冶舁四级负责制，这也是韩国兵器刻辞的一个显明特点。

自从韩哀侯二年（前375）灭郑，并徙都于郑之后，所用兵器大多在首都所在地郑和其他较大的城邑制造，包括修鱼、新城、阳人、仑氏、安阳、喜等二十余处，从兵器刻辞之款式来分析，可分为四种：

第一种为最简单的一种刻辞形式，刻辞只铭有×左库、×右库、×武库、×生库，各代表制造兵器的单位。

第二种为地方官吏督造的兵器，刻辞款式一般为"××年，××令×，工师×，冶×"。

第三种刻辞是由令督造，但在"工师"之前增加一个库名，款式为"××年，××令×，×库工师×，冶×造"。

第四种是在令之后，某库工师之前，增添一名官吏"司寇"。款式为"××年，××令×，司寇××，×库工师×，冶×造"。

公乘得守丘

《公乘得守丘刻石》又名《河光刻石》，有两行石刻文字，译文为："监罟囿臣公乘得守丘，其臼将败，敢谒后淑贤者。"此石长90厘米，宽50厘米，厚40厘米，在战国时期中国的古灵寿城遗址西部的田野里发现。后来发现了战国时期的古中山国陵墓，此石原来与墓葬有关系，是陵墓看守人的一种布告。

此刻石书法秀丽质朴，结字长方，运笔转折方圆不一，字的结构和行间字距疏密不一，未经书丹而直接镌刻，富有自然情趣，是我国最早的石刻之一。

战国公乘得守丘刻石。篆书，两行。19字。

庄周去世

庄周，名周（前365～前290）（一说前369～前286），宋国蒙（今河南商丘县东北）人。他是战国时期著名的哲学家，也是道家思想的主要代表人物，与老子并称"老庄"。

庄子一生清贫，曾当过管理漆园的小吏，楚威王闻知庄周很有才能，便以厚金聘他作相，

庄子像

庄子说：千金是重利，相也是很高的官职，但这好比是给牛披上绣花衣服送到太庙作祭品。我不愿享受高官厚禄而宁可作条自由自在的小鱼，在污泥浊水中自得其乐。据说庄子住在贫民区，以打草鞋为生，有一次他向监河侯借米，监河侯拒绝他。还有一次，他穿着有补丁的布衣和破鞋去访问魏王，魏王问他何以如此潦倒，庄子回答说他是穷，不是潦倒，好比掉进荆棘丛里的猿猴没办法展示自己的才能。庄子后来归隐，这些记载反映出庄子的性格和人生理想。

庄子鄙夷权贵，崇尚自由自在的乡间生活，他以局外人的身份观察当时社会的各种现象、斗争，以其深刻的洞察力和复杂的人生体验为基础，借汪洋恣肆的文风表达他的思想。庄子学识渊博，

《庄子》书影

思维敏捷，想象丰富。他与当时的学者来往并不多。其中惠施是他的辩友。《庄子》中记载二人河上辩鱼之乐的故事，惠施死后，庄子甚觉惋惜，从此无人能与他辩论。

对现实人生，庄子采取顺生乐死、乐天安命的态度。他追随老子的思想并把老子哲学实现在自己的生命历程中，他追求绝对无待的精神自由，向往

达到与道合一的境界。为此他摒弃任何外在的束缚，向内心寻找人生的最大乐趣。所以庄子的一生虽然贫苦，但充满生存的智慧和诙谐活泼的意趣，他鲜明的个性和深刻的思想往往通过一个简短的寓言故事生动地表现出来。庄子的性格特征，思想旨趣与人生态度对历代知识分子都有影响。

庄子的著作收在《庄子》一书。它既是先秦时期最著名的哲学著作，也是一部优秀的文学作品，更是一部美学作品。庄子的哲学思想对魏晋南北朝时期的玄学和般若学思潮产生影响，成为"三玄"之一。在中国文学史上，《庄子》也占有重要地位，其中的许多寓言故事，如河伯"望洋兴叹"、鹏"扶摇羊角"、匠石"运斤如风"、"庖丁解牛"、"螳臂挡车"、"东施效颦"等为人们所熟悉，至今仍作为成语广泛使用。庄子的美学思想开出了中国古代艺术精神，他强调美自身的价值，为后世突破儒家美学的狭隘性、保守性提供了思想依据。

出行图漆奁

彩绘出行图漆奁是湖北省荆门市包山二号楚墓出土的战国晚期漆器。此奁为圆盒形、直壁、平底、夹苎胎，直径 28 厘米，高 10.4 厘米。整器由盖、

战国晚期彩绘出行图夹苎胎漆奁

身两部分组成，子母口扣合。内壁髹红漆，外壁髹黑漆之后又以红、黄、蓝、棕四色漆彩绘。盖顶绘两组凤鸟纹图案。盖壁绘一幅出行图，整幅画由 26 个人物、两辆骖乘、两辆骈车、九只大雁、两条狗、一只猪和五棵大树构成，以树分割为五段。腹壁绘几何形云纹图案，腹底外围绘一组以连续"Y"形纹

为主、内填云纹的图案。各组彩绘交相辉映，使漆奁既光彩耀人又典雅庄重。尤其是盖壁上的出行图，结构谨严、布局合理、用笔生动，堪称战国漆画的精品。

苏秦合纵五国攻秦

周赧王二十七年（前288），秦齐再次联合，十月，秦昭王自称西帝，尊齐湣王为东帝。不久，苏秦向齐湣王陈述称帝号的利弊，认为齐、秦虽共同称帝，天下人却只尊重秦而轻视齐，齐国如果取消帝号，天下人则会爱齐而恨秦，再者，与秦国攻打赵国，远不如攻打宋国有利。他劝说齐王放弃帝号，以收揽天下人心，然后抓住宋国内乱之机发动进攻，并顺势向其他国家扩张领土，如此，则不仅齐国地位提高，名声显赫，而且燕楚也会被迫服从，天下诸侯都不敢违抗齐国号令，齐湣王采纳了苏秦的意见，出兵攻打宋国，大胜。此年十二月（前287）初取消帝号，恢复称王。而秦仍使用帝号，自居于天下诸侯之上，激起各国不满。苏秦劝说齐湣王联合各国攻秦。经过游说，刚被秦掠走一座城邑的赵国同意伐秦。赵相李兑又出面约赵、齐、燕、韩、魏五国合纵攻秦。五国出兵各有打算，因而貌合神离。军队行至荥阳、成皋便不再前进。为了破坏五国合纵，秦设法离间笼络合纵各国，赵、韩、魏都有所动摇。齐遂派苏秦去游说，五国终于合纵攻秦，迫使秦国废除帝号，并将以前所取占温、轵、高平归还魏国，将五公、符逾归还赵国，与五国媾和。秦国再次遭受重大挫折。

苏秦在五国合纵攻秦中扮演重要角色。他曾学于鬼谷先生。初游不被重用，后得周书《阳符》，发愤研读，有所收获后，重新出游。至秦，不被用。又至燕，说服燕文公与赵和，得重用，又说服赵联合韩、魏、齐、楚、燕以攻秦，赵肃侯很高兴，重赏苏秦。苏秦得到赵肃王的帮助，又到韩，游说韩宣王；至魏，游说魏襄王；至齐，游说齐宣王；又往楚，游说楚威王。诸侯皆赞同苏秦之计划，于是六国达成联合的盟约，苏秦为纵约长，并任六国丞相，回到赵国后，赵肃侯封他为武安居，将六国合纵的情况通告了秦。此后十五年，秦兵不敢图谋向函谷关内进攻。

苏秦是战国时期纵横家的代表人物。燕昭王广招天下贤士，苏秦入燕，成为燕昭王亲信。苏秦认为，燕国欲报强齐之仇，必须先向齐表示屈服顺从，以掩盖复仇愿望，赢得振兴燕国所需的时间。其次，要鼓动齐国不断向其他国家用兵，以防止齐国攻燕，并消耗其国力，为此他劝说齐王伐宋，合纵攻秦。在时机成熟时，则联合其他国家共同攻齐。前285年，苏秦到齐国离间齐赵关系，取得齐湣王的信任，被任为齐相，暗中却仍在为燕国谋划。苏秦运用智谋让人建议齐湣王命他率兵抗御燕军，齐燕之军交战时，他有意使齐军失败，死亡五万人。使齐国群臣不亲，百姓离心，为乐毅五国联军攻破齐国奠定了基础。

秦齐称帝

　　周赧王二十七年（前288），秦相魏冉图谋与齐联合，以两大强国之军迫使各诸侯国随同攻赵，将赵国灭亡，三分其地。秦与各国订立盟约，约定共同出兵的日期。秦又自恃国力强大，与诸侯国同称王号有失其尊，故又与齐相约，把原来上帝的称号作为两国国君尊称。苏秦建议齐湣王先答应秦国，但不要急于称帝，如果秦国称帝后天下人不反时，齐国再称帝号也不晚；如果秦国称帝号后，天下人都憎恶，那么齐国就不好称帝，以收取天下人心。齐湣王采纳其建议。此年十月，秦昭王称西帝，随后齐湣王称东帝。两个月后，齐湣王听从苏秦劝谏，取消帝号，随后秦国也取消帝号。这是中国历史上称帝的第一次尝试。

战国铜镜

　　中国古代人的镜子多为铜质，其中一面磨光用来照人，背面则铸刻花纹和图案。中国铜镜起源很早，在汉晋时代也广为普及，但战国是铜镜发展的关键时代。铜镜的造型绚丽多彩，其纹饰代表了当时中国的工艺和雕塑艺术。

　　如楚国的四兽镜。弦钮，圆钮座，宽缘，饰四兽纹，以羽状蟠螭纹为地。这一类铜镜流传者不少，有明确出土记录的不多。此面花纹精美，兽纹形象诡异，为楚镜中的佳品。

又如彩绘兽纹镜。三弦钮，圆钮座。以羽状纹为地纹，以四只怪兽为主纹。怪兽作狐面鼠耳，垂首张口，前一足握住前一兽的尾，另一足踏至镜缘。后足一踏钮座之边，一踏镜缘。尾长而蜷曲，兽面为浅浮雕，兽身以简洁的细凸线构成。镜边沿绘一圈红色菱形纹（或名方连纹）。湖南各地出土楚镜甚多，但有彩绘者甚罕见。

战国龙凤纹镜

战国彩绘兽纹镜

战国六山纹镜

战国夔纹镜

　　楚国的蟠龙纹镜。主纹为四组蟠曲的龙纠缠在一起，组成环绕式的图案。以云纹为地纹。龙，张口、卷尾、利爪、线条优美，刚健有力，使这一传说中的神物，能在图案化的线条中表现出活力。此镜铸制甚精，反映出楚地湖南当时铸镜工艺的高超水平。

　　出土于西汉时期的龙凤纹镜，亦是三弦钮，圆钮座，窄卷边。钮座周围有一圈云纹。主纹为四组龙凤纹组成的一圈图案，每组左有站立的凤鸟一只，右有身躯弯曲的龙纹一条。在每组龙凤之间有由菱形纹组成的璜形图案，在璜形图案之空白处，还补以张口露齿身躯蟠曲的龙纹一条。以云纹为地纹。此镜线条简练，龙凤神态生动，镜虽出土于西汉初期墓中，但完全是楚镜风格，而且是楚镜中少见的精品。

284 ~ 281B.C.

战国

284 B.C. 周赧王三十一年

燕上将军乐毅帅燕、秦、魏、韩、赵五国之师，攻齐入临淄，齐湣王走莒，为其相淖齿所杀。

乐毅下齐七十余城，燕封毅为昌国君。

秦昭王与魏王会于宜阳，又与韩王会于新城。

283 B.C. 周赧王三十二年

齐襄王法章元年。

秦拔魏安城，兵至大梁，燕、赵救之，秦军撤去。

齐人诛淖齿，立湣王子法章，保莒城，是为襄王。赵蔺相如完璧归赵，赵以相如为上大夫，廉颇为上卿。

282 B.C. 周赧王三十三年

秦伐赵，拔两城。

韩与秦会于两周间。

281 B.C. 周赧王三十四年

秦攻赵，拔石城。

魏冉相魏，不久复相秦。

280 B.C. 周赧王三十五年

思想家尹文约卒于本年。

尹文与宋钘同为宋尹学派的代表人物。一说《管子·白心篇》为其所作。

283 B.C.

罗马人占领科西嘉。

281 B.C.

叙利亚王塞流古图杀利西马丘，并小亚细亚于叙利亚。

280 B.C.

叙利亚王塞流古图袭取马其顿，遇刺而死，子安提俄古一世继位（280 ~ 261B.C.）。

叙利亚与埃及战，败绩。

罗马与皮洛士战争。

伊庇鲁斯王皮洛士军至罗马，萨谟奈诸族又与之会，大败罗马军于赫拉克里河。

蔺相如完璧归赵

楚国有一件叫做和氏璧的宝玉，为赵惠文王所得，秦昭王听说后，表示愿意用十五城换取和氏璧。赵国君

东汉画像砖完璧归赵拓片

臣商议此事，担心将宝玉给秦国后，却得不到秦国的城邑；若不给，又怕秦军攻打，因而想派人到秦国去妥善办理此事。宦者令缪贤推荐蔺相如，说此人勇而有谋，可担此重任。赵惠文王召见蔺相如，蔺相如表示愿带和氏璧去秦国，如果赵国得到秦国的城邑，就将和氏璧留在秦国，反之，一定完璧归赵。蔺相如到秦国后，秦昭王在章台召见他，蔺相如将和氏璧献上，秦昭王大喜，

东汉蔺相如故事画像砖

与妃嫔及近臣传看，却全无将城邑给赵之意。蔺相如假说玉上有一小疵点，要指给秦昭王看，拿回了宝玉。他在柱旁站定，说：赵惠文王担心秦国自恃强大，得和氏璧而不给城邑，经过我劝说方才答应。赵王斋戒五天，然后才让我捧璧前来，以示对秦国威严的尊重和敬意。不料大王礼仪简慢，毫无交割城邑的诚意，现在若大王一定要抢走宝玉，我宁可将脑袋与宝玉一起在柱子上撞碎。秦昭王无奈，只得划出十五个城邑给赵。蔺相如估计秦昭王不过是假意应付，便提出要秦昭王也应斋戒五日，再郑重其事地交换宝玉。秦昭王只好应允。蔺相如知秦昭王毫无诚意，便派随从怀藏宝玉，从小道返回赵国。秦昭王斋戒完毕，举行交换仪式时，蔺相如才把送宝玉回赵之事告诉秦昭王，说如果真想要和氏璧，可以先割让十五城与赵，赵国绝不敢负约。他坦然承认犯了欺君之罪，表示愿受

刑伏诛。秦国君臣十分恼怒，主张立即处死蔺相如，秦昭王认为杀了他也得不到宝玉，反使秦、赵两国结下仇怨，于是仍按礼节召见，然后让他回国。结果秦国未将城邑给赵，赵国也未将和氏璧与秦。事后，蔺相如被赵惠文王任命为上大夫。

战国白玉龙凤云纹璧。以优质白玉制，局部有紫红色浸蚀。中央镂雕一张口蜷曲的龙（或称螭虎），璧身满饰规则的朵云纹。外缘两侧对称地各镂雕一形式相同而方向相反的凤。两面纹饰相同，雕琢十分精美。

燕乐毅将五国军伐齐

燕昭王即位之后，为向齐报破国之仇，奋发图强、广招贤者，优礼相待，又慰问、抚恤死难者亲属，与百姓同甘共苦。燕国由此罗致了一批智能之士，其中有熟悉齐国险阻要塞及其君臣关系的谋士和善于用兵的军事人才。其中有乐毅，他主张应依据人的功劳大小，能力高低任以相应官职。他帮助燕昭王进行政治改革，使国力进一步增强。

燕昭王二十八年（前284），国家殷实富足，士卒奋勇勇战，愿为国献身疆场。燕昭王与乐毅商量伐齐复仇之事，乐毅建议燕昭王与赵、楚、魏等

国联合伐齐。燕昭王便派使者出使魏、楚，派乐毅出使赵，并亲自到赵国与赵惠文王相会。赵惠文王将相国之印授予乐毅。燕昭王遂任命乐毅为上将军，征发全国军队，与赵、秦、魏、韩等国联合向齐国展开进攻。

其时齐湣王征调全国军队，由向子率领，在济水以西与五国联军交战。由于齐湣王

战国碧玉龙形佩。玉料呈青碧色，间有紫色浸蚀。两面形式相同，皆琢成S形的龙，身饰蚕纹。龙腹中部上方有一圆穿。形制古朴生动。

晚年暴虐无道，杀死几位敢于直言进谏的大臣，使得臣民离心，毫无斗志。双方一交战，向子就下令退兵，自己一人率先乘车逃脱，齐军大败。齐将达子召集逃亡的齐军士兵，整顿后继续作战，企图挽回败局，但齐湣王不予援助。达子率军在秦周（今山东临淄西北）与五国联军交锋时又被打败，达子战死。

两次战役使齐国主力受到重创，不能再与五国联军交战，只得退守各地城池。乐毅遂遣还秦、韩之军，让魏国进攻原宋国地区，赵国去攻取河间，自己则率领燕军长驱进击，攻打齐都临淄，齐湣王逃走。乐毅攻入临淄后，搜取齐国宝器，全部运回燕国。燕昭王亲自到济水慰劳将士，并将昌国（今山东淄博东南）之地封给乐毅，号昌国君。五国联合伐齐，秦国攻取原被齐国所占的宋国大邑定陶（今山东定陶西），魏国攻取大部分原属宋国的领土，赵国攻取济水以西的大片土地，连鲁国也乘机攻占齐国的徐州（即薛，今山东滕县东南），齐国遭受沉重打击。

同时，楚国担心五国攻破齐后再图谋楚国，遂派淖齿率兵援救齐国。齐国已被五国联军打败，燕军攻入国都临淄（今属山东），齐湣王逃到卫国，后又逃回到莒（今山东莒县）。淖齿率救兵赶到莒，被齐湣王任为相国。淖齿想与燕瓜分齐国，便将齐湣王杀死，乘机收复了以前被宋国夺取的淮河以北地区。

五国联合伐齐，是战国时的一场大战，之后，六国之间的自相残杀愈演愈烈。

孟尝君联赵燕抗秦

秦军夺取了宋国的工商业大邑定陶（今山东定陶西北）后，为使秦国的本土能与新占的定陶等地相连接，前283年，秦昭王联合韩国攻魏。

秦军伐魏之初，魏昭王连夜召见相国孟尝君田文，商议对策。孟尝君认为，魏国若能得到他国救援，就不会亡国。于是魏昭王为孟尝君备下一百辆车，派他出使赵、燕、去求救兵。赵惠文王起初不肯发兵救魏，孟尝君用救魏即是救赵的道理相劝导，认为赵国没有像魏国那样每年都遭掠夺，就是因为有魏国作屏障；如果魏国被打败，赵国与秦边界相连，那时赵国的土地也会每年都遭到掠夺，百姓也会大批死于战乱。赵惠文王听后决定出兵十万，战车三百乘，前往救魏。孟尝君又去燕国，燕昭王借口连年收成不好，不能去救魏国。孟尝君说，如果燕国拒绝救魏，魏国就会割让土地，屈服于秦，然后联合韩、赵，并向秦国借兵，共同攻打燕国，那时燕国处境更为险恶。燕昭王听后，便派兵八万，战车二百乘，随孟尝君救魏。韩国见赵、燕、两国军队前来救援，担心三国击退秦军后会攻掠韩国，故准备投向魏、赵、燕三国，共同攻秦。秦军见已陷入孤立地位，遂退兵回国。

战国对虎圆铜环。环空心，作两虎相向踞伏状。吻部相接。虎作沉静安睡状，身体蜷曲成环。与铜武士俑共出，应为塞人神话传说中的动物形象。

战国对翼兽铜环。翼兽双角，双翼扬起，是一种神话中的形象。是塞人文化生活中，具有影响的一种神兽形象。

战国楚高盨缶。山东泰安泰山脚下出土。

战国

279 B.C.周赧王三十六年

赵王与秦王会于渑池，蔺相如从。

秦白起攻楚，拔楚鄢、邓、西陵，赦罪入迁之。秦置陇西郡。

燕昭王卒，子惠王立。

燕惠王使骑劫代乐毅，乐毅奔赵，赵封为望诸君。

楚将庄蹻约是年前后率军攻黔中，在滇称王，号庄王。此为西南与内地交往之始。

278 B.C.周赧王三十七年

秦白起攻楚，拔郢，烧夷陵，楚徙都陈；秦置南郡，封起为武安君。

周君朝秦。

屈原卒。赛龙船风俗始此。

272 B.C.周赧王四十三年

秦将使白起与韩、魏攻楚，楚使黄歇说秦昭王，乃止。

燕惠王卒，武成王立，韩、魏、楚乘机攻燕。

秦沿陇西郡、北地郡北边筑长城，现甘肃、宁夏尚存秦长城遗址。

270 B.C.周赧王四十五年

秦攻赵，围阏与，赵将赵奢大破秦军。赵封奢为马服君。

秦灭义渠，于是秦有陇西、北地、上郡，筑长城以拒胡。

秦以范雎为客卿，雎教秦以远交近攻之策。

279 B.C.

伊庇鲁斯王皮洛士败罗马军于奥斯古洛木。

276 B.C.

昔兰尼的希腊科学家埃拉托色尼生（约前276）。

托来美二世与叙利亚战，是为第一次叙利亚战争。

275 B.C.

埃及最高祭司曼涅托用希腊文著埃及史。安提俄库斯一世打败高卢人。

272 B.C.

皮洛士将军米罗以他林敦降于罗马，自是南意大利诸部，先后附属于罗马，罗马势力既伸张于南意大利，遂与迦太基发生冲突。皮洛士攻斯巴达、阿格斯，为斯巴达人所杀。

271 B.C.

伊壁鸠鲁卒。

田单复国

包山楚墓出土酒具盒

周赧王三十一年（前284），燕上将军乐毅帅燕、秦、魏、韩、赵五国之师攻入齐都临淄，齐湣王逃亡于莒，为其丞相淖齿所杀。乐毅攻下齐国除莒和即墨以外的七十余城，受燕封为昌国君。即墨人立田单为将军以拒燕。燕昭王卒，惠王继位。周赧王三十六年（前279），田单闻惠王与乐毅有隙，乃行反间计於燕。燕惠王中计，使骑劫代乐毅为将，以围即墨。

此时齐国惨败于燕，濒于灭亡，军民士气低落，斗志不旺，为了鼓舞军心，田单不得不假借神师之力，他让城中人民每次吃饭时必须先在庭院中祭祀祖先，鸟雀发现后便翔集于城上空，等祭祀完毕便飞下去啄祭祀之食。燕军不知内情，颇觉奇怪，田单便声称："有神人下来助我。"并让一士兵扮作神师，每次发布号令，都说是神师主意，城内士气为之一振，燕军则疑惑万分。田单又派人到燕军中散布说：齐人最怕被燕军抓走割去鼻子，押在阵前作战；最怕燕军挖掘齐人在城外的祖宗坟墓，凌辱祖先。燕军不知是计，果真割齐国俘虏之鼻，列于阵前，又掘开齐人祖坟，焚烧死尸。即墨军民见状，愤怒之极，自动加紧防守，唯恐破城被俘，都请求出城厮杀，斗志高昂。为了麻痹燕军，田单让老弱妇孺上城防守，将精壮甲士藏匿起来，又派使者与燕军约定投降。他还从百姓中收集黄金一千镒，让城中富豪献给燕将，请求燕军在即墨城破后不要虏掠其家室。燕军由此以为即墨将要投降，欢呼万岁，警惕松懈，田单认为反攻时机已到，便从城中征集了一千多头牛，披以有五彩龙纹图案的大红绸绢，再在牛角绑上尖刀，在牛尾上绑上浸透油脂的芦苇。然后把城墙凿出几十个洞穴，夜半从洞穴中赶出牛，点燃牛尾火炬，火牛疯狂地冲入燕军，被触及者非死即伤。又用五千精壮士卒追随火牛之后，乘势冲杀，城中军民敲击铜器，呐喊助威。燕军始料不及，张惶失措，狼狈溃逃，主将骑劫被杀死。齐军紧追不舍，陆续收复先前丧失的七十余城，将燕军赶出国境。齐人从莒接齐襄王回国都临淄，重新恢复齐国。

因田单为恢复齐国立下大功，齐襄王把安平赐给他作封邑，号安平君，并任用他为相国。田单任相国后，廉洁奉公，爱民如子，齐国渐渐增强实力。但经此巨变，齐国元气大伤，从此再无力与秦国抗衡。

湖北包山和睡虎地出土漆器

　　湖北荆门包山楚墓和云梦睡虎地楚墓出土了大量的楚国漆器，其中最具特色和价值的有包山出土的彩绘龙凤纹漆内棺、彩绘漆奁（已专条介绍）、双连漆杯和睡虎地出土的双耳长盒、彩漆扁壶。

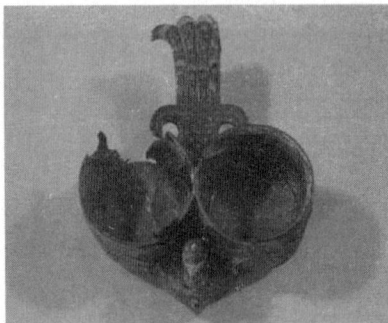
包山楚墓出土双连杯

包山楚墓出土龙纹带流杯

　　彩绘龙凤纹漆内棺为木胎，呈长方形盒状，长 184 厘米，宽 46 厘米，高 46 厘米，内髹红漆，外则以黑漆为地，用红、黄、金三色漆彩绘龙凤纹。盖面及两边墙版外的主体部分绘六单元龙凤图案，每单元绘四龙四凤。龙为一首双身，凤则展翅卷尾压于其上。整体图案为四方连续结构。头档板为两分打散结构的变形龙凤纹。足档板为四分打散结构的变形龙凤纹。盖面及两边墙板各有一对铜质铺首衔环，头档板中间有一个铺首衔环。全棺结构严谨，线条流畅，彩绘堂皇庄重。

　　双连漆杯由竹、木结合制成，呈一凤负双杯状，通长 17.6 厘米，通高 9.2 厘米，杯直径 7 厘米。前端为凤的头、腹部，后端尾上翘，中间并列两个竹质筒形杯，近底部相连处用一竹管相通。凤首微昂，喙衔一珠，胸外鼓，下

云梦睡虎地出土漆耳杯。汉耳杯，亦称"羽觞"，饮酒器，外壁及双耳髹黑漆，上绘朱红图案，杯内髹红漆。全器设计合理，结构严谨，做工精细。

云梦睡虎地楚墓出土彩漆扁壶。壶腹上绘飞鸟及奔马，给人以一种飞驰的运动美。

有二足。两杯侧后各有一凤开屏形足。凤头、颈、身、尾遍布羽纹，双翼伸展于两杯前壁。凤首、腹、翼八处嵌银。主凤之翅和两足凤之尾，以堆漆法浮凸器身。杯内髹红漆，口部绘黄色二方连续勾连云纹。杯外髹黑漆地，用红、

包山楚墓出土双连杯

云梦睡虎地楚墓出土双耳长盒。盒外髹黑漆，绘红漆纹样。

黄、金三色彩绘，衔珠上绘六个红、黄相套的圆圈纹；凤身、尾、足绘凤羽纹；杯上下各绘一周二方连续红、黄相间的垂直波浪纹；杯身绘二龙相蟠，龙首相对。龙一首双身，身绘勾连纹间以点状太阳纹；杯底分别用红色绘二龙相蟠纹，间以变形卷云纹。整个杯子造型独特，彩绘精巧，具有极高艺术价值。

双耳长盒由上下两部分组成，呈椭圆形状。盒外以黑漆为地，盒身以红漆彩

绘纹样，盒的两端绘以近似眼睛的花纹，盒耳图案则近乎猪的嘴鼻。整个盒设色对比鲜明、图案和谐、线条明快，非常大方。彩漆扁壶壶身呈椭圆形，壶嘴为圆柱形，嘴上有盖，壶底则呈长方形，壶腹上彩绘飞鸟和奔马。整个壶静中含动，动静相宜。

廉颇负荆请罪

周赧王三十六年（前279），秦昭王派使者约请赵惠文王到西河外的渑池相会。赵惠文王害怕秦国，不想赴会。上卿廉颇和上大夫蔺相如认为，不去则显得赵国软弱胆小，因而劝说赵惠文王去渑池，并商定由蔺相如随行前往，廉颇率军在边境戒备。赵惠文王和蔺相如到渑池后，秦昭王设宴款待，至饮酒酣畅时，秦昭王请赵惠文王弹瑟，赵惠文王无奈，便弹了二曲，秦国御史走上前来记录此事："某年某月某日，秦王与赵王饮酒，令赵王弹瑟。"以侮辱赵惠文王。蔺相如见状，便走上前对秦昭王说："赵王听说秦王擅长演奏秦地乐曲，请允许我献上瓦缶，请秦王敲击，作为娱乐。"秦昭王大怒，拒不敲。蔺相如拿着瓦缶上前跪于秦昭王前，再次请求他敲，秦昭王仍是不肯。蔺相如厉声威胁：再不敲，我将不惜一死以命相拼。秦昭王的侍从要杀蔺相如，蔺相如作出欲击秦昭王之势，喝斥他们退回。秦昭王无奈，只得敲了一下瓦缶，蔺相如召赵国御史记道："某年某月某日，秦王为赵王敲击瓦缶。"秦国的群臣又提出请赵国献十五城为秦昭王祝寿，蔺相如便提出请秦国献上国都咸阳为赵惠文王祝寿。直至宴会结束，秦国始终未能占上风。由于赵国已在边境部署重兵，时刻戒备，秦国不敢轻举妄动，双方以平等地位重修旧好。

由于蔺相如的大智大勇，功绩卓著，赵惠文王任命他为上卿，位次在廉颇之上。廉颇是赵国名将，曾率兵击败齐国，夺取阳晋，被任命为上卿。他认为蔺相如不过是口舌之劳，而位在自己之上，不由得怒火中烧。蔺相如曾为宦者令的家臣，地位卑下，廉颇更觉羞辱。他扬言，他日若遇见蔺相如，一定要当众侮辱之。蔺相如闻讯，为避免与廉颇冲突，不再与廉颇会面。上朝时，常常托辞有病，不愿与廉颇争位次高下。某日外出，远远望见廉颇，便连忙回车躲避。蔺相如的家臣颇为不平，认为蔺相如与廉颇职位相等，廉颇口出恶言，蔺相如却处处躲避，未免过于胆小，这种事连普通人都感到羞耻，身为上卿的蔺相如决不能再容忍。他们说，自己离开亲人投奔蔺相如，是因为仰慕他的高风亮节，而不希望看到他终日受辱，若是因为家臣无能，他们愿意离开。蔺相如对家臣说，秦昭王比廉将军更厉害，我尚敢在朝堂上呵斥他，侮辱他的大臣，我当然不会怕廉颇。廉颇对自己的侮辱，不过是个人仇怨，只能置于身后，国家急难先于一切。现在强秦不敢贸然攻赵，就是因为有我和廉颇文武二臣在，如果我们相互争斗，必有一人受伤，秦国便有可乘之机，赵国就危急了。家臣听后方才顿悟。廉颇闻知后，深为自己的无知感到羞愧，益加佩服蔺相如的襟怀，便脱去上衣，露出肩膊，背着荆条，向蔺相如请罪。两人和好如初，结为生死之交。

秦取郢都·屈原投江

　　秦一直觊觎着楚国的领土。早在周赧王十六年（前299），秦攻占八城，迫使楚割地结盟。周赧王三十六年（前279），秦将白起率军攻打楚国别都鄢（今湖北宜城东南），楚力拒秦军。白起引江水灌城，溺死楚军民数十万人，致使防守鄢的主力溃败，遂夺取楚城鄢、邓（今湖北襄樊北）和西陵（今湖北宜昌西北），并将秦国的罪犯迁居到这三个地方。秦将白起乘胜进击，于次年彻底击败楚国：西烧夷陵（陵名，后为县，今湖北宜昌

《屈原图轴》。明人朱约佶的《屈原图轴》，描绘了屈原被谗诌流放后行吟山水间的情景。

东南）、东攻至竟陵（今湖北潜江西北）、南攻至洞庭湖一带，并取下楚都郢（今湖北江陵西北），迫使楚迁都到陈（今河南淮阳）。秦在郢置南郡，封白起为武安君。

　　作为志向高远、精通治国策略的诗人，屈原的命运是与楚国共存亡的。

九歌图卷局部

九歌图卷局部

周赧王十六年（前299），秦国攻占楚国八城之后，秦昭王遣书约请楚怀王到秦国武关（今陕西商南东南）相会，两国结盟交好。左徒屈原认为秦是虎狼之国，不可信任，劝楚怀王不要前去。但楚怀王的幼子子兰主张楚怀王赴会。楚怀王到秦后，被扣留并挟迫楚国割让土地，楚怀王最后死于秦。楚顷襄王即位后，任用其弟子兰为令尹。楚人认为楚怀王客死于秦，子兰有责，都责备子兰，屈原也不满子兰。子兰闻知后，让上官大夫到楚顷襄王前进谗言，楚顷襄王便将屈原放逐到江南地区，永远不许他返回郢都（今湖北江陵西北）。屈原被放逐后，爱国之心始终不渝，光明峻洁的人格丝毫未变。周赧王三十七年（前278），秦国再次攻楚，占领郢都，楚顷襄王被迫迁都于陈（今河南淮阳）。消息传来，屈原重返郢都的希望彻底破灭，于是作诗篇《怀河》，再次抒发忠贞爱国的情怀和"受命不迁"的崇高志节，倾诉了郁积于心头的苦闷，然后投汨罗江而死，以殉其志。后来，人们为感念屈原的爱国热情和高贵品格，将他与端午节联系起来，每逢农历五月

龙舟夺标图。端午节民间有吃粽子、赛龙舟的习俗，并将之与战国时楚国的忠臣屈原联系起来：划龙舟是为了救起自沉于汨罗江的屈原，往河中丢放粽子是为了让鱼吞食，以保存屈原的躯体。

初五日端午节，民间都要赛龙舟、吃粽子，赛龙舟是为了救起自沉于汨罗江

的屈原，往河里丢粽子是为了让鱼吞食以保存屈原的躯体。

屈原历经磨难，所创作的诗歌极具象征意义，优美的语言和丰富的意象中充溢着对人生的深刻体验与感悟，他的《离骚》、《天问》、《招魂》、《哀郢》等都是中国文学中难得的精品。

中国最早的教育专著《学记》成

《学记》为《礼记》中的一篇，是中国教育史上最早的教育专著。大约成文于前 4 至 3 世纪，是战国末期思孟学派的作品。

《学记》全文1229 字，言简意赅，内容丰富。系统而精辟地阐述了教育的目的、作用和任务，教育与教学原则和方法，教育制度及教师的地位和作用等。

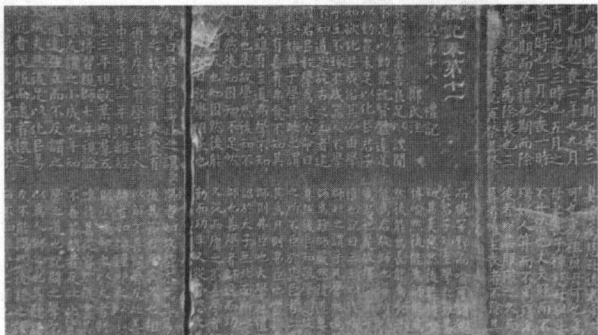

《学记》开宗明

中国最早的教育专著《学记》部分内容碑刻

义强调教育对于人生的价值："玉不琢，不成器；人不学，不知道。"并引申出"化民成俗，其必由学"和"建国君民，教学为先"的结论，肯定了立身、立国必以教育为本的观念。《学记》设计了一套从地方到中央的学校教育系统：每 25 家设立一个家塾，每 500 家组成的行政区域——"党"设庠；每 2500 家组成的行政区域——"术"设序；在国都设有大学。以培养各级各类人才为国所用。这个广泛的学校系统的构思，说明了 2000 多年前中国古代哲人就已经开始追求教育普及的理想了。《学记》有以下四个鲜明特色：

一、提出了学校的考核制度。大学全程 9 年中，每隔一年对学生进行一次考核，体现了学校教育已在客观上产生了要求教学正规化和人才规格标准化的需要。二、阐述了"教学相长"的命题。明确指出了教与学的相互依存、相互渗透、相互促进、相辅相成的关系，并推论出：教因学而得益，学因教

101

战国镶嵌几何纹方壶

战国蟠螭纹龙首壶。为楚国青铜器的典
型器物。

而日进，教促进了学，学又助长了教的这一教学的客观规律。三、总结了教学上成功与失败的经验教训，提出了"长善而救其失"的方法。四、反对老师照本宣科，教学生呆读死记的做法，强调："能博喻，然后能为师"，把能多方启发诱导学生，看作是当老师的重要条件。

此外，《学记》还大力倡导"尊师重道"的风尚，使"尊师重道"的思想成为中国传统文化的重要支点。

范睢入秦用于秦昭王

范睢，或作范且，字叔，曾改名张禄，魏国人。起初因家境贫寒，为魏中大夫须贾家臣。魏昭王时，须贾出使齐国，范睢随行，在齐滞留数月。齐襄王听说范睢贤能有辩才，派人私赐金和牛酒。须贾闻知，怀疑范睢将魏国隐私告诉齐国，归国后禀告魏相魏齐。魏齐大怒，命舍人拷打范睢，以至击断肋骨，拉折其齿。范雎佯装死亡，魏齐令人用竹席裹卷，丢置厕中，让宾客饮酒醉者溺尿其上，以此惩戒他人不得妄言国事。范雎恳求守厕者相救，并许诺重谢。守厕者便乘魏齐酒醉，请求搬走厕中"死人"，范雎因此得以逃脱。不久魏齐察觉，下令追索。魏人郑安平为范雎改名张禄，携带逃亡。周赧王四十四年、魏安釐王六年、秦昭王三十六年（前271），秦国谒者王稽出使魏国，郑安平乔扮卫卒，向王稽推荐范雎，又带范雎夜见王稽，深获赏识。王稽便将范雎藏匿车中带回秦国，进荐给秦昭王。

战国镶嵌鸠杖首。鸠杖饰件。鸠鸟形，下有圆銮。鸠伸颈扬首，长尾拖地。鸠身饰由嵌银丝和银片组成的羽纹和云纹。造型生动，制作精良。

起初昭王不知其贤，让他"待命岁余"。周赧王四十五年、秦昭王三十七年（前270），秦相魏冉越过韩、魏攻齐国刚（今山东宁阳东北）、寿（今山东东平西南）二邑，以扩展自己的封邑。范雎上书昭王，剖言自己的看法，昭王大为赏识，召见于离宫，以国事求教。范雎认为，秦国地势险固，攻守均利，人民勇而守法，军力强盛，本可轻易称霸天下，如今反倒闭关不敢东向，主要因为相国魏冉谋事不忠，而昭王计谋也有所失。范雎以为昭王的失策在于越过韩、魏而攻强齐，舍近求远，少出师则不足以伤齐，多出兵则国内空虚；而且即便战胜，因为远离本国，也不可能长期据有，得不到实惠。因此，范雎向昭王献策说，不如远交而近攻，得寸土则王之寸土，得尺土亦王之尺土。具体措施是，先使韩、魏两国亲附，掌握天下中枢，以此威慑楚、赵，楚、赵恐惧，将附秦；而齐国惧怕孤立，也会与秦修好，这样，韩、魏两国就能为秦所谋取了。此后秦国诸王都采用"远交近攻"的策略，逐步蚕食各国。到了秦始皇，终于统一全国。

战国

269 B.C. 周赧王四十六年

秦上郡大饥，山木尽死，人无所得食。

266 B.C. 周赧王四十九年

秦免魏冉相国，夺太后权，以范雎为丞相，封应侯。

265 B.C. 周赧王五十年

秦穰侯出之陶。

平原君相赵。

秦拔赵三城，赵使长安君为质于齐以求救，齐出师，秦师乃退。

264 B.C. 周赧王五十一年

秦白起伐韩，拔九城。

赵以齐田单为相。

263 B.C. 周赧王五十二年

楚太子完自秦逃归。楚顷襄王卒，完立，是为考烈王。

秦攻韩取南阳。

262 B.C. 周赧王五十三年

楚以黄歇为相，封为春申君。

秦白起攻韩，拔野王。

261 B.C. 周赧王五十四年

秦攻韩缑氏、蔺，拔之。

赵使廉颇拒秦于长平。

260 B.C. 周赧王五十五年

赵使赵括代廉颇，秦白起败之于长平，大破赵军，坑四十五万人。

268 B.C.

罗马第纳里银币首次出现。

266 B.C.

王托来美二世煽动雅典、斯巴达起而反对安提哥纳斯。并在雅典建立寡头政权。

265 B.C.

佩尔加的希腊数学家阿波罗尼乌斯生（约前265~前170）。

264 B.C.

罗马与迦太基第一次布匿战争（前264~前241年）开始于是年。迦太基城位于现今北非突尼斯，称霸于地中海，国势甚盛。

角斗士在罗马首次公开格斗。

262 功尽弃B.C.

罗马击败迦太基，取阿哥里金图木。

261 B.C.

印度阿育王征羯陵伽国，在其统治时期，佛教在印度达到极盛时期。

第二次叙利亚战争（前261~前255）。

260 B.C.

罗马海军击败迦太基海军于米隆纳以西之美利，是为罗马人所取得第一次大胜利。

赵败秦于阏与

阏与（今山西和顺）本属韩国，后归赵国。周赧王三十二至三十三年（前283至前282）秦昭王攻占赵国

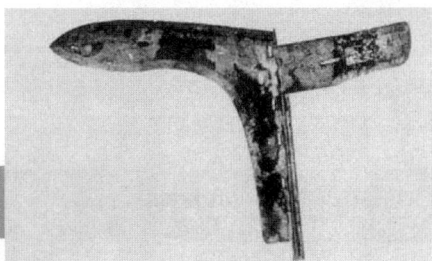

战国阏与戈。阑有四穿，内有一穿。内上有篆书铭文"阏与"两字。"阏与"，为地名，战国韩邑。

离石等三城。赵派公子部入秦为人质，请求用焦等三城换回所失三城，秦昭王允诺了。但后来赵惠文王认为离石等三城，邻近秦国，即便换回，也难长守，因此不愿再换。秦昭王大怒，于是在周赧王四十六年（前269），派中更（秦爵十三级）卫人胡阳率军伐赵，越过韩国上党郡（今山西和顺以南、沁河以东地区），进围赵国的险要之邑阏与。赵惠文王召请名将廉颇、乐乘商议救援之策。廉颇、乐乘都认为阏与距赵都邯郸遥远，地势险狭，难以救援。

赵王又召问赵奢，赵奢回答说："道远而险狭，犹如二鼠争斗于洞穴中，将勇者胜。"赵王于是命赵奢为将，率军驰援。

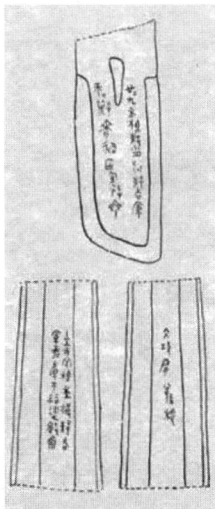

赵国兵器刻辞

面对敌强我弱之势，赵奢率军行离邯郸三十里，严令坚壁驻屯。当时秦军驻扎在赵国武安（今属河北）以西，"鼓噪勒兵"，武安危在旦夕。赵奢排除干扰，不为所动，坚壁达二十八日之久。等到秦军懈怠，突然卷甲急行军，两天一夜赶至阏与。赵奢采纳军士许历的建议，离阏与五里结成坚固的阵势，以避秦军锐气。随后发兵万人抢占北山，居高临下攻击秦军。秦军大败，弃甲而逃。赵奢大破秦军，解除了阏与之围。赵惠文王因此赐封赵奢为马服君（马服山在今河北邯郸西北，因以为号），提升许历为国尉。赵奢由此与廉颇、蔺相如爵位相当。

诸子百家思想

司南开始使用

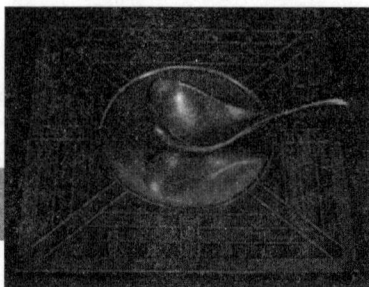

汉司南。司南是世界上最早的磁性指南工具，战国时期就已经应用。将天然磁体打磨成勺形，放在一个光滑的青铜方形盘上，微微转动勺把，待静止时，勺把指向南方。司南为我国后来发明指南针奠定了基础。

《管子·地数》篇说："上面有磁石的地方，地下有铜金矿藏。"这是世界上关于磁石的最早纪录之一。到战国末年，人们已知磁铁吸铁的磁性作用。《吕氏春秋·精通》篇说："磁石对铁有吸引力。"并利用其指极性，发明了确定方位和南北的仪器——司南。司南形如汤匙，用磁石做成，底圆而滑，置于刻有方位之铜盘上，使用时，转动勺把，待其静止时，勺把指向南方。司南是世界上最早的指南仪器，后来逐渐发展成为指南针。

廉颇拒秦兵于长平·赵括纸上谈兵惨败

战国郑令铍。兵器。铍身呈六角形。

周赧王五十三年（前262），秦军完成了对韩上党（今山西沁河以东地区）的包围，上党郡守冯亭为借赵军抗秦，承献上党于赵，引起秦赵在长平（今山西高平西北）大战。起初，赵王命廉颇为将，廉颇依凭险要地势坚壁增垒，采取固壁不战的策略，坚守长平三年，秦军久攻不下。周赧王五十五年（前260），赵王中秦反间计，改任赵括为将代替廉颇。赵括是赵国名将马服君赵奢之子，史书或称"马服子"。自幼便学兵法，论兵事，自以为天下无敌。赵括曾与其父论兵，赵奢虽不能诘难，但不以为然。赵括母询问原因，赵奢说："兵事危险而又千变万化，赵括却视为易事，如果将来为赵将，必遭败绩。"赵括代替廉颇指挥赵军后，秦国也派名将白起代替王龁担任主将。白起利用赵括只会纸上谈兵而且骄傲轻敌

山东临淄齐故城遗址

的弱点，交战时佯败后退。赵括以为秦军已败，率领赵军开垒出击，长驱直入攻击秦军营垒。秦军早有防备，赵军久攻不下。此时，白起派出两支奇兵，由左右两翼迂回，切断赵军退路。赵军被围困，只得筑垒坚守待援。秦王闻知，亲往河内（今河南黄河以北地区）征发年满十五岁以上的男丁参加长平之战，堵截赵国援军，断绝粮道。九月，赵括将赵军分为四队，轮番冲击，终究未能突围。赵括被射死，四十余万士卒被迫降秦。白起怕赵军日后反叛，只让年少体弱的二百四十人归赵，其余全部坑杀于长平。秦赵长平之战，最终以赵国的惨败而告结束，赵军前后死亡达四十五万人，秦军也死亡过半。赵国实力由此大为削弱。

战国时期云南青铜器

战国镂孔剑鞘。云南少数民族贵族墓随葬品。鞘外两侧饰透雕蛇纹和卷云纹。鞘外有一双身头巨蛇，蛇身外饰一圈云雷纹。铸工精致，纹饰繁缛，状如透雕。

战国人形柄短剑。兵器。柄作立人形，头顶挽高髻，耳有垂当，上身赤裸，短裙，为南方少数民族形象，发式服饰颇具特色。

107

范雎相秦

秦穰侯魏冉，是秦昭王母宣太后异父同母弟。秦昭王年幼时，魏冉辅佐宣太后执政，多次出任秦相国，长期执掌朝政，权重一国。宣太后另有弟华阳君（名芈戎，一号新城君）、泾阳君（公子市）、高陵君（公子悝），凭借宣太后的荫庇，富甲王室，与魏冉同称"四贵"。范雎入秦取得昭王信任后，便向昭王指言宣太后专制，"四贵"擅权，万世之后，有秦国者非王子孙也。昭王因此在周赧王四十九年（前

战国立牛葫芦笙。笙作为礼乐器，《周礼》即有明确记载。

266）废太后，免除魏冉相职，逐"四贵"，使各就封邑。拜范雎为丞相，封于应（今河南宝丰西南），号应侯。

这年，范雎相秦，改名为张禄，其他国都不知张禄就是范雎。魏国听到消息说秦将伐韩、魏，派须贾出使秦国打探消息。范雎知道后，身穿粗布衣服来到须贾的客邸与须贾见面。须贾见到范雎大吃一惊，问："我以为你已死了，现在干什么？"范雎回答："现在帮别人打工做庸人。"须贾十分可怜他，留他吃饭。言谈间，须贾说想见秦相张禄，范雎说可以引见。范雎回府驾驶马车前来，说是主人的马车，带须贾入相府。来到府前，范雎说先去通报一下。等了一会儿，须贾问下人："刚才进去的范雎为何这么久不出来？"下人答："与你同来的人正是秦相张禄。"须贾大惊，脱衣膝跪叫下人带入请罪。范雎升帐见须贾，历数其罪状，但又说："你现在还不会死，因为你送我绨袍，有朋友之情，所以释放你。"说完向秦昭王报告，秦昭王同意释放须贾。须贾临行前向范雎辞行，范雎宴请各国使节，安排须贾坐堂下，叫两个囚犯像喂马一样喂须贾吃豆子。范雎令须贾回去告诉魏王，速把魏齐的头拿来。须贾回去后告诉魏齐。魏齐十分害怕，逃到赵国平原君处匿藏。

战国白玉龙形冲牙

战国玉器

　　战国早期的玉器具有由春秋玉向战国玉演进的过渡色彩，由平面化、简约化向隐起化、繁复化演变，此时期的代表作是曾侯乙墓出土的玉佩。它全长48厘米，宽8.3厘米，由13片镂空的各种形式或图案的玉片及24个圆环、半圆环或方扣连接而成。此佩纹饰均用隐起阴线琢法，起伏自然顺理，琢工精巧妩媚，是迄今发现的多节活动链状玉佩中最长、最精美的一件。

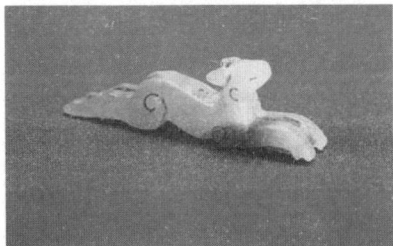

战国玉鹿。湖北江陵雨台山战国楚墓出土。玉鹿设计精巧，前伸后展的四肢表现出鹿奔跑的动感。

　　体现战国玉器高难度工艺水平的是战国中、晚期的玉器，其代表作有辉县固围村魏王室墓出土的大玉璜、平山中山国王墓出土的青玉带钩及洛阳金村东周王室墓出土的玉耳杯、玉桃形杯、金龙凤饰玉卮等等。魏王室墓出土的大玉璜被称为古玉之"巨擘"。大玉璜上的7块美玉、2个鎏金铜兽头，由铜片中贯联为一器，呈弧形，全长20.2厘米，玉质温润。色白而泛浅灰，是精美的和田玉。中间一玉微曲似折扇形，上侧琢一回首垂尾卧兽，口部钻一小孔，便于穿系，下弧一鼻穿孔，供系玉佩之用。此中心玉与其左右的扇面形玉片均琢隐起的变形蟠虺纹饰，实系龙身，其外两侧隐起玉龙首，龙首口出鎏金铜虎首，虎首口衔两侧出卷云饰的椭圆形玉，图案匀称饱

战国青玉人

109

战国龙螭纹佩。佩镂雕为对称式双龙与双螭交错蟠绕的图案。龙与螭身刻勾云纹与鳞纹，玉质纯润，色彩斑斓，造型优美，雕琢精湛，具有很高的艺术水平与工艺水平。

满，琢工细腻精巧。足以代表当时琢玉工艺的高度水平。

东周王室墓出土的玉耳杯、玉桃形杯、金龙凤饰玉卮风格一致，似出一人之手。玉耳环双耳镂空，外壁琢阴线勾连云纹，隐起卧蚕纹，耳下饰兽面纹，椭圆圈足底施阴线变形双鸟纹。玉桃形杯以桃尖做鋬，圆形台足，别致秀丽，与同墓群出土的银柄杯相似，迄今未见与其重复者。金龙凤饰玉卮，三蹄足，外壁琢阴线勾连云纹，隐起谷纹图案，一边有鋬，对面有活环，盖口镶金并突起三凤和隐起龙纹，顶安一素桥纽，其外环绕一圈阴线勾云纹，极为少见。

战国时期玉器的主要特点是：玉质优良。王侯多使用和田仔玉，玉质细腻温润，光泽晶莹，青白色较多，偶见白玉。中小贵族均用地方玉材，也是相距不远之美石。

琢玉技艺精湛。战国玉器上的线条，包括造型的轮廓线和纹饰的阴阳线，均锋利挺劲，准确流畅。

龙的形象占有突出地位。龙居战国玉器神瑞动物图案中的首位，其次是虎，再其次是凤。

统一的时代风格为主。东周时各地新兴的都邑已成为新的琢玉中心。由于各地制玉中心相互交流频繁，所以各地的玉器区别不甚明显，统一的共同的时代风格是其主流。

战国白玉双龙首璜。战国时期装饰品。白玉制成，半圆形，双面浮雕卷云纹。玉璜用料巧妙，深色部分琢成龙头，白色部分琢成龙身，实属罕见的巧作。

玉器使用范围扩大。玉器已不仅是最高统治者的生活器皿和自身装饰品，它的使用范围在逐步扩大，如有的武器已用玉饰，甚至还出现了祭玉。

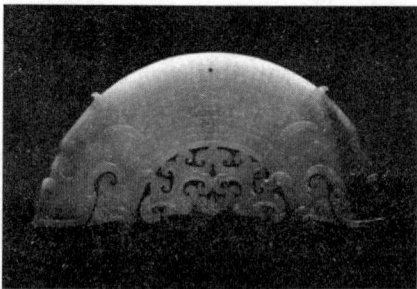

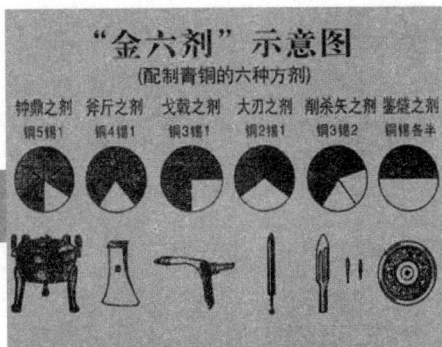

配制青铜的六种方剂

黄歇使秦后任楚令尹

黄歇，楚国人，"游学博闻"，楚顷襄王时为左徒。曾出使秦国，闻知秦昭王命白起联络韩、魏共伐楚，于是上书劝阻。秦昭王听从，发使赂楚，约为盟国。后太子完入秦为人质，黄歇随往。周赧王五十二年（前263），顷襄王病重，秦不许太子完返国探视。黄歇对秦相范雎说："一旦顷襄王死，太子完将继位楚王。如今秦国归返太子，将来'事秦必重'。如不归返，楚国另立太子，必不事秦。"范雎禀告秦昭王，昭王派使者看顷襄王病情再说。黄歇便让太子完换衣服，装扮成楚国使者的车御，逃归楚国。自己留守太子居所，谎称太子因病谢客。事后，秦昭王怒，要杀黄歇，经范雎劝说放归。之后，楚顷襄王病死，太子完即位，为考烈王。太子完即位后，任黄歇为令尹（即丞相），封为春申君，赐给淮北十二县。此时，齐有孟尝君，赵有平原君，魏有信陵君，楚有春申君，人称"四公子"。

触龙说赵太后

周赧王五十年（前265），秦乘赵惠文王去世不久，急攻赵，连取三城。当时赵孝成王年少，其母赵太后代掌国政，求救于齐。齐国要求赵国以长安君为人质，才肯发兵。长安君是太后少子，深得太后宠爱，太后不同意。大臣强谏，赵太后不听。左师触龙求见太后，开导说："父母真正爱怜子女，就应从长远考虑，让他们为国家建功立业，过分宠爱实则害之。"太后醒悟，于是为长安君备车百乘，出质于齐。齐国发兵救赵，秦军退。

259 ~ 255 B.C.

战国

259 B.C. 周赧王五十六年

秦攻赵，拔武安、皮牢，定太原、上党，赵割地以和。

秦五大夫王陵攻赵邯郸。

258 B.C. 周赧王五十七年

秦王陵围赵邯郸不克，王龁代之。

十月，秦张唐攻魏。

赵公子胜如楚乞师，楚黄歇帅师救赵。

257 B.C. 周赧王五十八年

秦杀白起。魏公子无忌袭杀晋鄙，夺军救赵，大破秦军于邯郸城下，秦罢兵。

秦太子之子异人自赵逃归。

秦昭王五十年，初作河桥，在今陕西大荔朝邑东北与山西永济西南蒲州之间的黄河上架设蒲津桥，为第一座黄河浮桥。

256 B.C. 周赧王五十九年

秦攻韩，取阳城、负黍，斩首四万；攻赵取二十余县，斩首虏九万。诸侯大震，西周君与诸侯联合攻秦，秦遂攻西周，西周君入秦，尽献其邑三十六，人口三万，与九鼎宝器于秦；秦王受献，归其君于周。秦迁西周公㸑狐。周不再称王。

255 B.C. 秦昭襄王五十二年

秦丞相范睢免，蔡泽代之。

楚人迁鲁君于莒而取其地。

257 B.C.

罗马用由 330 艘战船组成之舰队企图将军队由西西里输送到北非，进攻迦太基。

256 B.C.

罗马舰队击败迦太基舰队于西西里岛南，遂至北非迦太基城东登陆。罗马大掠迦太基领地，俘二万余人，送归罗马。

255 B.C.

迦太基败罗马军，虏罗马将格里拉及其军队之一部。罗马急遣舰营救其未遭俘虏之军队，但中途遇飓风，船悉沉覆。

编写《七十子希腊文本》即《旧约》的希腊文译本。

战国节符

节和传符在战国时期已普遍使用，以保证驿传的准确性和保密性。节分为龙节、元节、马节、节牌等，都是国君颁发的信物，是君权的象征，可一路享受交通方面的特权。

如龙节，长条形，上宽厚下窄薄，一端较大，一端较小。大的一端铸作龙头形，头长且大，额部有对称卷云纹，长鼻高卷，两眼突出，双耳后倾。双角弯曲，勾向两侧。嘴部透空，牙齿外露，

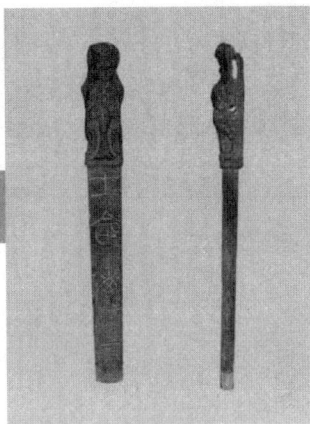

战国王命传龙节。通行凭证。节上端作龙首形。龙节用于使者奉楚王命远行，作为证件，所至之地，凡胜任一檐的随从人员，传舍需供给食宿。

下颌凸出。头下部两侧各有一圆穿，可以系结绳组，便于携带。两面刻铭文"王命，命传赁一檐飤之"九字。龙节是使者持之远行可得食宿的证件。此节龙头圆雕铸造，间有阴刻线纹，风格粗犷而又细腻。铭文结体宽博，行笔精丽。因水坑浸渍而通体碧锈，尤为古雅。又如韩将庶虎节，此节半扇，伏虎形，昂首、翘尾，竖耳瞠目，四足蜷伏。正面有铭文"韩将庶信节"等十字，背面有凸榫两处。

另东晋顾恺之绘《列女图卷》局部。图中显示春秋时许国使者手持节符的情景。春秋"节"现在还未发现实物，这幅东晋时期的画中描绘的节，是非常珍贵的资料。

信陵君窃符救赵

魏公子无忌为魏昭王幼子、魏安釐王异母弟，安釐王即位后被封为信陵君。信陵君仁德厚道、礼贤下士，对人无不以礼相待，各地名士都纷纷归附，出入门客三千多人，魏著名隐士侯嬴亦成为其座上客。因为信陵君德高望重、门客如云，各国诸侯十多年间不敢觊觎魏国。

113

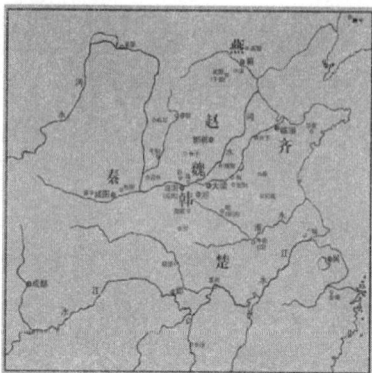

战国城市示意图

周赧王五十八年（前257），秦军围攻赵都邯郸已达三年，赵国处境日危，邯郸之民炊骨易子而食。魏信陵君姊是赵相平原君夫人，多次致函魏王和信陵君，请求出兵救赵。魏王派将军晋鄙率师十万救赵，秦昭王闻知，遣使威胁魏王说，赵都不日可下，诸侯有敢救者，胜赵之后必先移兵进攻他。魏王畏惧，便令晋鄙屯军邺（今河北临漳西南），观望战事发展。

信陵君及宾客、辩士多方劝说，魏王始终不听。忠义不能两全。信陵君听从隐士侯生（名嬴）的献策，恳请如姬代窃魏王兵符。如姬是魏王宠爱的姬妾，当初其父为人所杀，三年不能报仇，信陵君得知后，派门客杀死了其仇人，如姬衔恩感激，于是窃得兵符交给信陵君。信陵君至邺，矫称魏王之命替代晋鄙为将，晋鄙合兵符，心中怀疑，被信陵君随行力士朱亥相杀。信陵君下令军中：父子俱在军中，父归；兄弟俱在军中，兄归；独子无兄弟，归养。选得精兵八万，驰援邯郸，与楚、赵军队内外夹击，秦军大败，邯郸围解。

信陵君矫诏救赵，致使魏王十分恼怒，信陵君遂派人率魏军回国，自己则留在赵国。赵王深感信陵君救赵之情，以鄗（在今河北高邑东）为信陵君汤沐邑。信陵君在赵期间，曾千方百计寻找两位隐居的贤能之士，并与之交游。平原君得知此事，不以为然。信陵君以为平原君仁德不足，难与之为伍，欲整装而行。平原君得知，深感惭愧，向信陵君免冠谢罪，并苦留信陵君。平原君门客得知此事，大半离开他而归附于信陵君，各地贤能之士亦去依附于他。

信陵君去赵，魏国事不举，秦庄襄王三年（前247），秦将蒙骜伐魏，攻取了魏之高都（今山西晋城）和汲（今河南汲县西南）。在魏军屡败的情况下，魏安釐王自赵召回信陵君，任为上将军。信陵君率五国之师大败蒙骜于河外，追至函谷关（今河南灵宝东北）而还，信陵君之名遂威震天下。

信陵君率五国之师伐秦大胜之后，秦以信陵君为大患，乃派人向魏王献反间之计，说信陵君欲称王，诸侯就欲立之。魏安釐王日闻谗言，不能不信，后来果然中反间计，使人降信陵君为将。

信陵君被罢免之后，称病不朝，意志郁闷沉积，与宾客为长夜之饮，且多饮醇酒，又多近女色，最后竟然因饮酒过量而于秦王政四年（前243）卒。

信陵君在世时，秦惧其威，尚不敢大肆攻魏。后来，秦听说信陵君已病死，就派大军攻伐魏国，使魏国走向末路。

秦围邯郸

周赧王五十七年（前258），秦昭王 战国虎符。调兵凭证。
因赵违约未割六城，不听白起劝谏，派五大夫王陵进攻赵都邯郸，秦赵邯郸之战爆发。赵国上下同仇敌忾，共赴国难，坚守城池。国相平原君以国忧为先，身先士卒，听从李谈的劝告，裁减府邸人员和开支，组织敢死队三千人与秦军殊死决战，秦军为之退却三十里，大大鼓舞了士气。

秦军久攻不下，几易其帅；邯郸久陷重围，易子而食。战事日紧，赵王遂遣平原君求救于楚、魏。赴楚前，平原君准备从门下食客中挑选二十位文武兼备者随行，但只挑中了十九人，其余无可取。毛遂自荐愿同行。至楚之后，平原君与楚王商议合纵之事，剖言利害关系，"日出而言之"，楚王至"日中不决"。毛遂按剑冲破护卫的防线，上前质问楚王，楚王愤怒地斥责他。毛遂对其威势毫不畏惧，先说在十步之内，楚王的命就掌握在自己手中，接着以秦军如果进攻楚国，继而又以秦军攻楚，一战而夺取鄢郢，再战而烧夷陵，三战就使楚王的先人遭受污辱惨痛史实激励楚王，指出合纵是为了楚国而不是为了赵国。楚王应从，派春申君率军救赵。

求得楚国帮助，平原君再求魏援助。魏王派将军晋鄙率十万大军救赵。

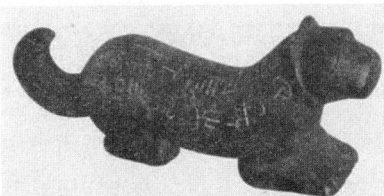

秦虎符。战国时秦国在杜县将领所执之物。虎符为古代军事活动信物，国君执右将领持左，左、右虎符合并验证后方可调兵。

秦得知，遣使威胁魏，魏军遂屯于邺下不敢出。屯军期间，魏王曾遣将军辛垣衍潜入邯郸，通过平原君劝说赵王发使尊秦昭王为帝，以换取秦国的退兵。齐国人鲁仲连当时正在邯郸，听说此事后去见辛垣衍，与他辩论尊秦为帝的种种危害，断然表示，倘若秦王为帝，自己

115

宁愿赴东海而死不忍为秦国臣民。辛垣衍油然起敬，自愿离赵，不敢再说称秦王为帝的事。不久，信陵君通过魏王爱妾窃得魏王虎符，赶赴邺地，击杀晋鄙，率军援救。

前257年，楚、魏援军赶至邯郸，与赵军内外夹击，秦军大败，退回河西。赵魏两国夺回部分失地。

白起自杀

白起，一称公孙起郿人，秦国名将。秦昭王时由左庶长（秦爵十级）官至大良造（秦爵十六级），南征东伐，攻夺韩、赵、魏、楚等国许多土地，屡获战功。周赧王三十七

战国中腄王鼎。战国后期秦国器，秦攻取楚黔时由秦国流入此地。

年（前278），因攻克楚国都城郢，封武安君。周赧王五十五（前260），在长平大败赵括，坑杀赵国降卒四十余万人。邯郸之战爆发，白起认为赵国对内息民厉兵，对外交结诸侯，时机不成熟，伐赵必败。秦昭王、范雎多次请他出任秦帅，托病固辞。昭王先后派王陵、王龁等为将攻赵，死伤者众多而无功。白起说："不听臣计，今果何如？"秦昭王惭怒，见白起不为己用，夺其官爵，免为士伍，令迁之阴密。白起因病未行。周赧王五十八年（前257）十一月，昭王令白起起行，行至杜邮，秦王与范雎等谋议，以为白起之迁，其意怏怏不服，心怀怨诽，令使者赐剑，白起自杀。白起之死，标志着战国旧式英雄人物的终结。

秦异人立为太子

异人是秦昭王庶孙，太子柱庶子，为夏姬所生，作为秦国的人质而居住于赵国。由于秦屡次攻赵，甚至进军赵都邯郸，异人不得赵之善待，居处穷困艰难，甚不得意。阳翟（今河南禹县）大贾吕不韦往邯郸见到他，认为奇货可居，遂与之密谋，欲以其事奉太子安国君及其宠妃华阳夫人，争取立为

嫡嗣。异人再三叩谢，并对吕不韦保证，如果如愿以偿，愿与之分享秦国。吕不韦以五百金与异人，使其结交宾客。又以五百金购买珍玩奇物进献华阳夫人，向她介绍异人的贤能与智慧，并告诉华阳夫人异人常想念她。华阳夫人闻之大喜。吕不韦又买通华阳夫人之姐，使其劝告华阳夫人，自己无子，应趁受宠之际立异人为嫡嗣。夫人认为有理，乘安国君高兴时进言，遂使异人得立为嗣。周赧王五十八年（前257），赵因秦久攻邯郸而欲诛异人，异人与吕不韦设计脱离羁绊，回到秦国。华阳夫人乃楚人，见异人穿楚服与她相见，十分高兴，改异人名为"子楚"。秦昭王五十六年（前251），昭王死，安国君继位，异人立为太子。

秦作河桥

周赧王五十八年（前257），秦"初作河桥"。这是第一次在黄河上建桥，由今陕西大荔东，跨黄河至今山西永济，唐代名为蒲津桥。

战国秦汉时期沙河古桥。咸阳市渭城区钓台乡资村西1000米处，村民取沙挖掘出一座大型古代桥梁遗址。经碳14测定，1号桥距今为2120±80年；2号桥距今为1900±80年。结合遗址附近出土的各种遗物分析，古代沙河上这两座大型桥梁至迟应在战国秦汉时期已经建成使用。

秦灭西周

战国镶嵌卷云纹羊首车害。车马器。为战国秦器。带有刃矛害装备的战车即《淮南子·氾论训》所称之"销车"。

战国轵敦。盖器同铭，各铸一"轵"字，字体与小篆一致，当是得器者所刻。此器系秦灭周后所铸。

战国镶嵌流云纹壶。容酒器。全器错金银流云纹，圈足饰贝纹。颈上嵌有绿松石，制作精良。

117

周赧王五十九年、秦昭王五十一年（前256）。秦将摎攻取韩国阳城（今河南登封东南）、负黍（今登封西南）。二地近周，西周君惧怕祸将及己，背秦盟约，与诸侯合纵，率天下锐师出伊阙（今河南洛阳龙门）攻秦，切断秦与阳城间的通道。秦昭王怒，令将军摎攻西周。西周君入秦谢罪，尽献其三十六邑和三万臣民。昭王受献，遣返西周君。同年，周赧王卒，西周臣民投奔东周。昭王于是在次年取周九鼎宝器，迁西周君于𢖩狐（今河南临汝西北），西周灭亡。此后，东周虽存，但不再称王，史家以秦王纪年。

荀子任兰陵令

荀子，名况，字卿，亦称荀卿、孙卿，战国赵国人。其生卒年不详。据记载判断，荀子约在齐闵王末年到过齐，后离齐去楚。后荀子又至齐。时稷下先生田骈等已去世，荀子"最为老师"，三任稷下"祭酒"（稷下学宫首领）。秦昭王时，荀子曾赴秦，并见到昭王和范雎。秦昭王五十二年（前255），楚相春申君以荀子为兰陵（今山东莒南）令。后因被谗于秦庄襄王三年（前247）离楚赴赵，赵以荀子为上卿。居赵时，荀子曾遣书春申君，讥刺楚政。秦王政九年（前238），春申君死，荀子废居兰陵，居家著书，不久即谢世。荀子著书32篇，经西汉刘向编定为《荀子》一书。

荀子像。战国末年荀况是儒家礼乐派代表人物，他可谓儒家学说的集大成者。

荀子是战国时期继孟子之后的又一位儒家大师，他善于汲取诸子学派所长，发展和改造了儒家思想。不仅集儒学之大成，也集先秦诸子之大成。在自然观方面，荀子汲取了道家"天道自然"的合理内核，反对天命和鬼神迷信，以为"天行有常（规律），不为尧存，不为桀亡"，因而提出"制天命而用之"的唯物主义命题。

荀子的理论代表了中国历史上所存在的最高水平的理性，他关于学习、人的本质、理论哲学的论述与相关内容的现代论述相比唯一的区别就是他更合理、更明确。就是令假儒家谈虎色变的人性恶学说

《荀子》（元刊本）

也是十分杰出的，达到了十七、十八世纪的水平。他的人性恶不过是把人的好恶天性作为人性的基本方面，而把理性规范作为后天习得。这听起来很有经验主义、功利主义、心理分析的味道。也许不是很多人同意这一论点，但有两点是清楚的，第一，他达到了西方心理伦理学在十七、十八世纪才达到的水平，第二，他的人性说比孟子的唯心主义的人性善更有道理更合实际。

他的制天是理性战国人对世界的征服精神的体现。

荀子是儒家的科学大师，在哲学上，应该说他的成就最大，能为现代接受的最多，但他的精神和方法都不是宗教的，甚至是反宗教的，因而一直不受重视。

他的思想方式主要是论辩式的，在理性和经验的基础上解决一些问题，虽然也讲阴阳，但他把天地看作是自然的，而且自然规律不以人为转移，但人可制天而用之，他的人性恶的论点与孟轲不同，但孟轲是理论，而他是论辩，他研究礼与刑的关系，区分王道与霸道，对于认识的功能、名实的起源与关系、认识的限制都有精到的见解。

荀子的道德学说是很精彩的，代表了战国文明伦理学的最高水平。他将孔子的礼上升为（其实是更符合原意）规范天地万物、人生的根本法则，以之为法、道德的本体，这就将战国文明中伦理的概念上升为规范法律、政治的东西，进而他以礼区分人与动物。并且以欲望为人的本性（所谓性恶），因而礼才制定出来以达到社会公利。

他的理欲、义利（以及荣辱）观是理论上的发挥，从这一点说，他和孔子一样在伦理学上是超时代的，近代功利主义者才达到他们的水平，他用人性来说明善恶起源，用礼来说明个人与公利的关系是现代的；他用层级化的礼（他建立了分、辨、别的社会伦理，规范了各色人等，实际上提出了纲常说）则是战国式的，在这结构之上，他以从人性到礼仪（伪）的变化为"注错"（安置），则就是他们之间的变换，提出了修习道德的积累和环境化原则。

荀子的心理学决定了战国文明的人性论范式，他的主要观点来自他的一个方法：器官是物质的，其功用在与对象作用时产生一系列心理现象。这样就在心理活动这一变化中将心理器官与心理现象联系了起来。

他以心和五官为物质（形），以其功用（神）为其自身具备，而"精合感应"（对象的作用）是神（能、知）的产生原因，因而他花了大力气论述心理作用的动静、藏虚、满一问题，是将心理活动形而上学化。他从性（天性、自然具有）中引出情感作为性的质、性的状态，欲则是情的表现。这样，就在性与外物之间产生了情，情是性对外物的状态，而性本身是天生、自然的，因而是恶的（这是心理学常见的观点，而哲学家则偏爱性善）。他对于本性和教习（伪）的分析也是精彩的。

荀子根据自然心理结构在外物作用下的变换定义了心理活动，其体系是杰出的，并且后来在中国很少有人能超过他。

总之，荀子的思想内容丰富多彩，对秦汉政治、学术等具有多方面的影响，李斯、韩非都曾是他的学生，后帮助秦王政统一了全国。

254 ~ 251B.C.

战国

254 B.C. 秦昭襄王五十三年

韩王朝秦，魏亦委国听命于秦。

253 B.C. 秦昭襄王五十四年

楚迁都于巨阳。

卫怀君朝魏，魏杀卫怀君，而立卫嗣君之弟，是为卫元君。

卫元君为魏婿，故魏立之。

251 B.C. 秦昭襄王五十六年

赵平原君公子胜卒。

赵封相国廉颇为信平君。

燕栗复攻赵，赵使廉颇破栗复于鄗，逐之五百里，围燕都。

秦昭王卒。约昭王晚年蜀守李冰建都江堰，成都平原因成"天府之国"，为秦统一提供了重要的物质条件，促进了川蜀经济文化的发展。

蜀中已产井盐。

250 B.C. 秦孝文王元年

赵封乐乘为武襄君。

254 B.C.

罗马败迦太基军于帕诺模斯。

251 B.C.

罗马又败迦太基。

250 B.C.

叙利亚将军狄奥多托斯据巴克特里亚自立。

铁器时代，拉特尼文化扩展到大不列颠。

阿斯西劳斯建立雅典第二个学园（约前250）。

第一座罗马监狱蒂利亚努姆监狱建成。

埃拉托色尼提出地球围着太阳转并绘制出尼罗河地图；他还精确地估计出地球圆周线。

諸子百家思想

李冰主持兴修都江堰水利工程

秦昭王五十六年（前251），李冰主持兴修水利。李冰是秦昭王、孝文王时的蜀郡守，在担任蜀郡守期间，主持修建了岷江上的大型引水枢纽工程——都江堰，都江堰也是现有世界上历史最长的无坝引水工程。

宝瓶口。都江堰渠首由"鱼嘴"、"飞沙堰"和"宝瓶口"等主要设施组成。"宝瓶口"是内江进入灌溉区的咽喉，被开凿的岩石堆于内外江之间，称为"离堆"。

都江堰杩槎，用于挡水截流的木竹石构件。

岷江水流湍急，夏秋季节水位骤升，给平原地区造成灾害。李冰通过实地考察，总结历代民众治水的经验，巧妙地因势利导，于今四川灌县西部，主持修建了都江堰水利工程。

都江堰水利工程主要由鱼嘴（分水工程）、飞沙堰（溢流排沙工程）和宝瓶口（引水工程）三大主体工程组成。鱼嘴建在江心洲顶端，把岷江分为内江和外江。内江为引水总干渠，由飞沙堰、人字堤和宝瓶口控制泥沙及对水量进行再调节。外江为岷江正道，以行洪为主，也由小鱼嘴分水至沙黑河供右岸灌区用水。由于堤岸修筑于卵石和沙砾之上，在冲积很深的河床上不易筑成永久性堤岸，所以采用竹篾编成竹笼，里面装满巨大的鹅卵石层层堆积以使堤岸牢固。由于三大主要工程的合理规划布局

"深淘滩，低作堰"治水三字经

和精心设计施工，都江堰水利工程发挥了良好的引水、防沙、排洪等结合作用。

在适宜河段的恰当位置修建鱼嘴，能使枯水时内江多引水，洪水时外江多泄洪排沙；在河流弯段末

都江堰。位于四川灌县，约创建于前251年。秦蜀郡守李冰主持修建。从此，川西平原"水旱从人，不知饥馑"，四川因而成为"天府之国"。

端建飞沙堰，利用了环流作用，能大量溢洪排沙；宝瓶口凿通玉垒山使内江

都江堰三字经

水通过宝瓶口引向成都平原灌溉三百万亩良田，宝瓶口在人字堤配合下又能控制内江少进洪水，减免成都平原洪涝灾害。都江堰在历代的完善、保护、维修管理，历二千多年而不废，至今仍发挥着重要的作用。

都江堰之外，李冰还主持兴修了蜀地南安江、文井江、洛水等水利工程。李冰成功主持的一系列除水害、兴水利的工程，造福于历代，为百姓所颂扬、怀念，从东汉开始就有了李冰治水的神话传说。

李冰开盐井

井盐是在有卤源的地方凿井取卤，或在天然咸水井中汲水煎煮而成。秦昭王时期，李冰守巴蜀地，不仅兴修水利，还"穿广都盐井诸波池，蜀于是盛有养生之饶焉"。秦国的广都，包括今天四川仁寿、华阳、双流三县及新津、简阳县的一部分，盐产地则在旧籍县（籍田铺）、贵平（贵平寺）和陵井（仁寿县）之间。李冰主持开凿的盐井，主要在籍县一带。这一地区属龙泉山脉背斜轴，裸露出下部的白垩纪盐层，是最早开凿井盐且又保持至今的地方。蜀的井盐自此广为使用，至今不衰。

李冰石人水尺。水位测量水尺是水文观测的主要标志。

战国

249 B.C.秦庄襄王子楚元年

秦以吕不韦为相国，封为文信侯，食洛阳十万户。

楚灭鲁。

东周君与诸侯谋秦，秦相吕不韦灭之，迁东周君于阳人，周亡。

247 B.C.秦庄王三年

秦蒙骜攻魏，魏王兵数败，乃复召信陵君；信陵君帅五国兵，大破蒙骜兵于河外，追至函谷关而还。

五月丙午，秦庄襄王卒，太子政立，年少，事皆决于吕不韦。

秦相国吕不韦招致宾客三千，使门客编集《吕氏春秋》。

246 B.C.秦王政元年

郑国为秦凿泾水为渠，灌田四万余顷，收皆亩一钟，秦益富饶。

245 B.C.秦王政二年

赵以廉颇为假相，攻魏，取繁阳。

赵孝成王卒，子偃立，是为悼襄王，使乐乘代廉颇，廉颇奔魏。

244 B.C.秦王政三年

赵以李牧为将。攻燕，拔武遂、方城。秦蒙骜击韩取十三城。

242 B.C.秦王政五年

秦蒙骜攻魏取酸枣、燕虚、长平、雍丘、山阳城等二十城，初置东郡。

赵相、魏相会于柯。

哲学家公孙龙约卒于本年（约前 330242）。

秦攻魏新郪（今安徽太和北），今存新郪虎符约造于此时。

241B.C.秦王政六年

楚、赵、魏、韩、卫五国合攻秦，楚为从长，至函谷，兵败于秦。

楚东徙都于寿春，命曰郢。

249 B.C.

安息酋长安息塞斯起兵，推翻希腊人统治，建立帕提亚国。

246 B.C.

迦太基人将军汉尼拔生。

叙利亚与埃及之间第三次叙利亚战争开始。

241 B.C.

罗马在伊该特斯岛附近，歼灭迦太基舰队。迦太基放弃在西西里岛之属地，并赔款三千二百达仑（古币名），分十年偿清。

公孙龙去世

公孙龙，赵国人，约生于周慎王元年（前 320），卒于秦孝文王元年（前 250）。战国后期名家代表人物。曾游说燕昭王、赵惠文王，主张"偃兵"。长期为赵平原君门客，曾与孔穿、郭衍等论辩于平原君所。公孙龙总结战国察辩之士

战国青釉錞于。仿青铜乐器錞于的陶明器模型，素面无纹饰。

关于"辩"的思想和方法，尤其对事物的概念（名）作了比较深刻的逻辑分析，他从绝对观点出发，提出"别同异"命题，着眼于"别"而不在"合"，把"同"与"异"的矛盾绝对化。他的著名的名辩论题有"离坚白"、"白马非马"等。"离坚白"认为石头的"坚性"、"白色"和石头是可以彼此分离，独立存在的。"白马非马"论认为白是颜色，马是形状，白马包括了两个概念，那么白马所指的既不是"马"，又不是"白"，所以"白马"就不是马。他的论述实际上是认为一般抽象的马可以脱离具体的特殊马而独立存在。

公孙龙是最杰出的逻辑学家之一，虽然一般人都只知道他的诡辩，但实际上他的逻辑理论更精采，并且他也根本不是诡辩或思辩家。他的绝对逻辑的"离坚白派"与惠施诡辩的"合同异派"是对立的。

他的指物论是逻辑的认识论基础。他的指有心的功能，其指物实即弗雷格的涵义与所指（例如白色与一匹马）。他建立了名实（概念）的物、实、位、正四个范畴，物是所与、实物，实是其意义，物之所以为物，位是在概念结构（意义结构）中的地位，是实之所以实，正即确定所在的位，可以表现为正确的判断。这一范畴体系本身是极其重要的，是逻辑发展史上的一个里程碑，但更有意思的是，他定义这四个范畴使用的是化归法，它们都可以化归为物和一些辅助词，这是历史上最早使用这个逻辑方法。他认为物与指是分离的，结合起来即成为"物指"。它与物和指都不同，与它们分离，由此出发他的谓（判断的形式）的理论是唯谓论（白马与马不是一回事，即"物"与"物／指"

不是一回事）。从这里引出了他的奇谈怪论，但这正是因为他的反诡辩倾向。

秦王政即位·吕不韦封相

秦庄襄王子楚位三年卒（前247），子政立，时年十三岁。秦王政于秦昭王四十八年（前259）正月生于赵。那时其父子楚在赵国当人质，很喜欢吕不韦的爱姬，不韦知道她已有身孕，于是献给子楚。此女怀孕十二月生下了秦王政，政即位年少，委政于吕不韦。那时秦已并巴、蜀、汉中、越宛、有郢，置南郡。北收上郡以东，有河东、太原、上党郡，东至荥阳，灭二周，置之川郡。秦王政尊吕不韦为相国，号称"仲父"。那时

战国立凤蟠龙铺首。建筑构件。造型如此巨大的铺首实为罕见，是官门上的饰物。

食客之风盛行，魏有信陵君，楚有春申君，赵有平原君，齐有孟尝君，皆喜宾客。吕不韦认为秦国虽强，宾客却少，于是广招天下贤能之士，以至食客三千之多。那时诸侯中很多能辩之士，如荀卿等，都著书立说广布天下。吕不韦也让宾客把所见所闻所思著立成书，集有八览、六论、十二纪，共二十多万字，阐述详论天地万物古今之事，名为《吕氏春秋》。书写好后，放在咸阳市门上，并悬千金，诸侯游士宾客中如能增换一字之人，得千金。由于秦国如此重赏贤能之士，因此秦国很快昌盛，国力强大，成了诸侯之最强国。

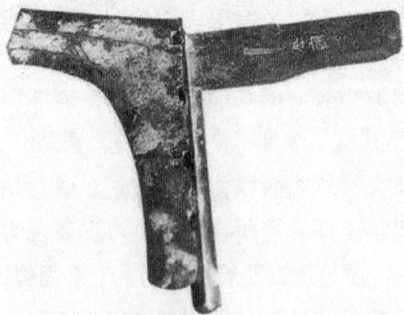

吕不韦少府戈。钩击兵器。为秦王政五年（前242）秦相国吕不韦所用。

秦建郑国渠

秦王政元年（前246），秦作郑国渠。

韩国面临秦的强大压力，欲使秦疲弊，消耗其国力人力，便派水工郑国赴秦，劝说秦修筑引泾水灌溉农田的大型水利工程。秦遂于此年委任郑国主持修建工程，这条渠以仲山引泾水到瓠口作为渠口，利

郑国渠的引水渠遗址

用西北微高、东南略低的地形，沿北山南麓引水向东，从今大荔东南注入洛水，称为郑国渠。渠长300多里，灌田4万余顷。泾水肥效丰富，可使灌溉后的盐碱地亩产1钟（1钟即6石4斗，每斗当今2升），于是关中平原成为沃野。

建除体系完成

中国传统的建除体系在战国晚期完全定型。

建除体系是用"建""除"等十二个标名决定吉凶，十二标名按顺序排在十二天上，循环往复下去。这十二个标名是建、除、满、平、定、执、破、危、成、收、开、闭。

建除体系在汉代即已广泛流行，《淮南子·天文训》中就保存了完整的体系，一直沿用到今天。当代出版的选择书、黄历等就印有建除，根据其吉凶指导人们行动。

建除体系的起源历来没有什么确定的依据。睡虎地秦简日书的出土提供了不可多得的宝贵材料，它记录了多种建除体系，其中"秦除"与汉以后建除体系基本相同，表明建除体系完成于战国时代，并在楚、秦民间流行，这提供了建除使用的最早记录。

同时，睡虎地秦简日书也说明了建除体系发展、定型的过程。甲乙本日书中有"除"、"秦除"、"稷辰"、"秦"及脱名等三套建除，它们命名不同，数量不同，有的只有八位，但原理都相同，都是用一套吉凶标名循环往复地套在日子上，并且它们的名字相近、顺序类似，是同一体系的不同变体。这

表明在定型之前，战国晚期流行着建除体系的不同变体，它的定型在秦汉之际。

五国合纵击秦

秦王政六年（前241），诸侯忧虑"秦攻伐无已时"，相与合纵伐秦。合纵国有韩、赵、魏、楚、卫，楚王为纵长，楚春申君，赵将庞煖皆参与其事。五国之师共击秦，攻南函谷，秦出兵反击，五国兵败而退。这是战国最后一次合纵。

战国鼎形灯。此器造型敦厚，具有浓厚的秦器风格。

岁星占和太岁占形成体系

睡虎地出土秦简日书中保留有最早的岁星占和太岁占体系。在《岁篇》、《嫁子忌》篇等篇中刻画了一个四个月在四方向上转一轮，一年转三轮的岁星，这种岁星已不是五大行星之一的木星，而是一个虚星，由于它所在的位置不同，东南西北四个方向就已决定了吉凶荣辱。

同时，在秦简日书的《玄戈篇》中已出现了太岁占，其中岁星是个吉星，十二个月（代表十二个年）绕天行一周，其运行轨道与实际木星的运行相同，而太岁则是凶星，它在相同的轨道上反向运行，与木星十二年会合一次。

中国古代很早就认识到木星约十二年运行一周天，岁星纪年法就是根据木星所在来纪年，木星也就被称为岁星。这种纪年法的起源尚不清楚，但在春秋、战国之交很盛行。在岁星纪年法中，天上用十二辰（子丑寅卯……）来划分，其顺序与岁星运行方向相反，因此，人们又设想了一个按十二辰顺序运行的天体，称之为"太岁"。

岁星和太岁在中国术数和迷信中占有相当重要的位置，"太岁头上动土"是个妇孺皆知的凶兆，这一迷信的完全形成在春秋、战国之际，睡虎地秦简日书保存了其最早的体系，它后来成为中国文化中一个根深蒂固的层面，成为中国人思维的一个重要组成部分。

李斯入秦

李斯，楚国上蔡人，曾为郡小吏，掌乡文书，后从学于荀况。学成之后，见山东六国衰弱，"无可为建功者"，便辞别荀子，两入秦国。受到吕不韦赏识，建议秦王政乘六国孤弱之时，各个击破，早成帝业。秦王听从，派人收买

李斯像

或刺杀诸侯名士，离间其君臣关系，秦军随后伺机攻灭，李斯的计谋对秦始皇统一六国起了较大作用。

李牧击匈奴

李牧，赵国北方良将，曾驻守代和雁门。平日"习骑射，谨烽火，多间牒，厚遇战士"。匈奴一旦入侵，则下令军民"急入收保"，不与匈奴交战。如此数年，谨守无所亡失。匈奴以为李牧胆怯。李牧等待"边士日得赏赐而不用，皆愿一战"之时，挑选车骑数千，军士十多万，严加训练；然后"大纵畜牧，

战国虎衔羊饰牌。北方游牧民族腰带装饰品。

战国虎噬驴饰牌。北方游牧民族服饰品。

129

人民满野",诱使匈奴大举入侵。李牧多设奇阵,左右夹击,大破匈奴十余万骑。于是灭襜褴,破车胡,林胡降赵,单于奔逃。匈奴因此十多年不敢靠近赵国边地。前243年,廉颇背赵入魏,赵王令李牧为将,率军攻燕,攻占了燕国武遂和方城。

战国卧鹿。北方游牧民族殉葬明器。

战国羚羊饰件。北方游牧民族装饰品。

战国虎咬牛纹金饰牌。北方游牧民族饰件。饰牌正面为浅浮雕的虎、牛争斗图案。牛虽被猛虎捕杀于地,但仍然表现了顽强的反抗精神,利用它那锐利的牛角,刺穿虎的耳朵。形象生动逼真。

战国楚王熊肯铊鼎。口沿外壁有铭文十二字,记楚王畲(熊)肯作器。

楚王畲鼎

1933年安徽省寿县朱家集楚王墓出土。器、盖共有铭文64字。其中器31字(器口1行20字;器腹内9字;腹外2字);盖33字(盖边1行22字;盖内2行10字)。高53.6、口径45.9厘米。

铭文叙述,楚幽王熊悍在战争中得胜,缴获铜兵器。化铜兵铸鼎,以作岁祭之用。并记录了负责造鼎的工师和助手名。

熊悍后铭文中写作酓忎，即楚幽王，获兵铜之战可能是幽王三年秦魏伐楚之役。

甘罗使赵

甘罗为甘茂之孙，十二岁时，就事奉秦相吕不韦。秦想派张唐去当燕国相，与燕共同伐赵，夺取河阳之地，张唐告知吕不韦，到燕国必经赵，而我曾与赵结怨，不能去。吕不韦不高兴。甘罗对张唐说：从前范睢想攻赵，白起不同意，于是被杀。现在文信侯之专断比起范睢有过之，他让你相燕而你不肯行，臣不知你将葬身何处。张唐只得前行。张唐出行数日，甘罗请求出使赵国，对赵王说：现在燕太子丹在秦国当人质，张唐相燕，燕秦联合伐赵而取河间。王不如把河间之地给秦国，请秦归还燕太子，然后攻燕取地补偿。赵王听从，割五城予秦，燕太子归燕。赵国攻燕，得上谷三十城，其中十一城给秦。秦封甘罗为上卿，以其祖父甘茂田宅赏赐甘罗。

《日书》完成

中国现存最早的术数百科全书《日书》在战国末年完成。

睡虎地秦墓出土的秦简《日书》记录了大量术数、宗教、迷信和社会生活的材料。秦墓的主人喜于秦王政六年（前241）任安陆令吏，掌文书，墓中出土的各种文书都与喜一生的经历相关，是他一生中使用过的文书的汇集，其中《日书》可能是他作令吏时所记录的。

睡虎地云梦秦简

《日书》是中国最早的术数类书，记录了秦楚各种术数和楚地风俗文化。选择、黄历是中国民间文化的一个重要组成部分，它虚构了众多的吉凶神煞，

根据它们当值日子的干支来确定一天的所宜与不宜。这种术数迷信在中国民间大量流行至今不衰,但还没有发现有早于唐代的完整记录。睡虎地秦简日书的出现显示出这种文化形成于战国时代,《日书》中保存的很多神煞——虚星已具备了今天的完整形态,这是中国文化史的一个重大发现。

秦简《日书》是实用的选择书,它基本上按照实际干支选择和用途来排列材料,同一个原理可以根据不同需要放在完全不同的地方。它有甲乙两个版本,内容不尽相同,同一个东西也有差异,说明甲乙两本是民间流传的不同本了。从内容和字体上看,甲本较为成熟,成书较晚。

《日书》记录了战国时代民间流传术数的极为丰富的材料,太岁纪年法,十二次等天文历法内容在《日书》中都有所反映,但更重要的是它保存了大量的术数内容,五行生克、五行纳音、十干与四季及四方的搭配等五行学说有了较成熟的表现,同时,辰星、招摇、天理等后代神煞的虚星化也已经完成,还有些内容加人字等也表现了《日书》的丰富性。

《日书》的另一个重要内容是保存了大量的楚文化,它有完整的秦楚月名对照表,为释读楚国文物提供了工具,其中很多楚月名已见于楚地出土文物。它的《诘咎鬼》篇记录了各种鬼的形态和整治方法,是楚国鬼文化最早、最完整的材料,与《荆楚岁时记》等相符,反映了楚国民俗。

《日书》是战国民间术数的一个总体,它与战国末和秦汉之交中国文明的整一化和综合趋势相一致,是战国秦汉术数的经典文献。

《乐记》世界第一部音乐理论

《乐记》是中国古代儒家音乐理论的重要经典,是荀子学派的著作。《乐记》主要论述了音乐的产生和形成过程。它指出音乐产生于人的思想感情,受到外界事物的影响而感情激动起来,就表现为"声"(包括乐音和噪音),这种声互相应和,其变化有一定规律的成为"音"(乐音)。把音按照一定组织奏作起来,再加上舞蹈,就成为"乐"(音乐歌舞)。

它认为音乐表现不同的感情,因而反映并影响社会的治、乱。它列举了哀、乐、喜、怒、敬、爱各种不同感情在音乐上的不同表现,进而指出社会的治、乱和国家的兴亡必然会影响人的思想感情，因此必然会从音乐中得到反映；反之，音乐表现的不同，也必然会对社会的治乱和国家的兴亡起反作用，给予潜移默化的影响。

《乐记》强调音乐的社会教育作用。音乐应成为社会教育的工具，用礼、刑、政一起，在不同的方面发挥作用，以安定社会，使国家有大治。这一方面的论述，贯穿着《乐记》全文，是儒家音乐思想的核心。它在后世被称为"乐教"。

在音乐美学方面，它要求以善为准则。提倡"德音"、"和乐"，反对"溺音"、"淫乐"。艺术美的最高境界在于个体与社会、人与自然的和谐统一。

《乐记》鲜明地体现了儒家美学的理性精神和特征，具有重要的理论意义，并产生深远影响，在 2000 余年的封建社会中，它所表达的音乐思想被视为正统。

战国虎钮錞于。乐器。椭圆筒形体。器顶为折沿平盘，肩部鼓出，腹内收，中空，平底。顶正中立一虎形钮，虎钮背及后股已残缺。虎钮四周镌刻有人、鱼、船、四蒂、兽等图像，常见于巴蜀兵器。

《乐记》的音乐理论创始于孔子的音乐思想。当时，在炽热的百家争鸣学术气氛中，围绕礼乐制度的乐的问题是争鸣的焦点之一。论争主要是集中在两个问题上：一是乐是否有存在价值，是否为人类社会生活所必需；二是乐的社会功能，包括乐的教育作用在内。儒家派对乐持肯定态度。比较其他各家来说，这一派的论点最具有历史进步性。与孔子大约同时的道家和略迟的墨家，都反对孔子维护的礼乐制度。

墨家完全否定乐的看法，是从想象中的史实出发，证明从事音乐无益于国家治理。而且，从事音乐还妨碍工作，耽误生产。但是在根本上并没有否认音乐之美，这一点和道家仍有区别。

道家对音乐也持完全否定态度，他们对于文化艺术采取一种虚无主义、取消主义的态度，认为它们是使人丧失本性的东西。但是他们崇尚自然，主

133

张返璞归真的观点却被后世的一些音乐家所吸收，成为在音乐实践活动中提倡抒发人的至性的思想武器，从而为音乐文化的发展，带来有益影响。儒家方面，孔子认为，礼乐必须体现"仁"，如果不能体现，则无意义。其次才是外在的钟鼓等表现形式。孔子之后的儒家代表人物孟子，继承了孔子的中心思想"仁"，提出"仁声"的主张。他并且认识到音乐艺术所特有的打动人心的力量。儒家的另一代表人物荀子，著有《乐论》一篇，系统地论述了乐的本质和社会功能等。他的音乐思想是"隆礼"，他认为乐是服从于礼、配合于礼的，可以起到巩固君臣上下社会等级秩序的作用。

至于法家的音乐思想，一方面是彻底否定礼乐，另一方面则是从狭隘的功利主义出发，只看重有利于促进耕战的歌谣。

春秋战国时期，儒、墨、道、法诸家音乐思想相比较而言，仍以儒家音乐思想具有先进性，有利于促进音乐文化的发展，对后世的影响也最大。

战国

239 B.C. 秦王政八年

秦王弟长安君成蟜将兵击赵，至赵举兵反，死于屯留，军吏皆斩死。

秦封嫪毐为长信侯，主国政。

238 B.C. 秦王政九年

秦长信侯嫪毐作乱，王杀嫪毐，夷其三族。

楚考烈王卒，子悍（一作悼）立，是为幽王，王舅李园杀春申君黄歇，灭其家。

思想家、教育家荀子卒。

237 B.C. 秦王政十年

秦相国吕不韦免，就国。

秦大索，逐客卿，客卿楚人李斯上书谏止之。

236 B.C. 秦王政十一年

秦将王翦，桓齮攻赵，拔阏与、邺，取九城。

235 B.C. 秦王政十二年

秦吕不韦迁蜀，自杀。

秦发四郡兵，助魏击楚，

234 B.C. 秦王政十三年

秦将桓齮攻赵平阳，杀赵将扈辄，斩首十万。

十月，桓齮复攻赵，赵以李牧为大将军，击秦军于宜安，大破秦军；赵封李牧为武安君。

233 B.C. 秦王政十四年

韩非入秦，秦杀韩非。

《韩非子》记载，最早的指南仪器司南已经出现。

232 B.C. 秦王政十五年

秦攻赵，一军抵邺，一军自太原拔狼孟、番吾，李牧击却之。

燕太子丹为质于秦，自秦亡归。

231 B.C. 秦王政十六年

秦初令男子书年。

魏献地于秦，秦置丽邑。

230 B.C. 秦王政十七年

秦内史腾攻韩，获韩王安，尽取其地，以其地为颍川郡。

传韩国有民间女歌手韩娥去齐国，途中缺乏粮食，便"鬻歌假食"。既去，余音绕梁，卖唱已出现于战国时期。成语"余音绕梁"出此。

239 B.C.

"拉丁文学之父"、诗人恩尼乌斯生。

238 B.C.

撒丁成为罗马共和国的一部分。

230 B.C.

油灯传入希腊。

秦王政诛嫪毐

秦王政母赵太后私通吕不韦。随着秦王政逐渐长大，吕不韦恐事泄被诛，于是将门下舍人嫪毐推荐给太后以代替自己，经事先买通主事者，嫪毐得以不受腐刑，只拔去须眉而入宫侍奉太后，与太后私通，太后非常喜欢他，赏赐了丰厚的财物。秦王政八年（前239）封为长信侯，事无大小皆听从嫪毐的裁决。又将山阳（今河南焦作东南）赐予嫪毐居住，将河西太原为嫪毐封国。他有家僮数千，有千余人为了为官而请求成为嫪毐的门客。嫪毐与太后私生有二子，因此以秦王"假父"自居。

秦王政九年（前238），秦王政二十二岁，亲自主持国政。有人告嫪毐并非宦者及与太后奸情。嫪毐见事不妙，于是盗用秦王御玺和太后玺，发兵攻打秦王政所住的雍都蕲年宫。秦王得知，便令相国昌平君、昌文君领兵攻击嫪毐，战于咸阳（今陕西咸阳东北），斩首数百，嫪毐等败走，秦王号令全国中，如果谁活捉了嫪毐，赏钱百万，杀死嫪毐的人，可得赏金50万。于是嫪毐及其党羽全部被抓获。秦王将协同嫪毐作乱的官吏卫尉竭、内史肆、佐弋竭、中大夫令齐等二十人枭首，车裂嫪毐，灭其三族，杀死与太后所生二子，迁太后于故都雍（今陕西凤翔南）别宫，嫪毐的门客舍人或罚徒役三年，或夺爵迁蜀。免吕不韦相国。嫪毐之乱平息。

《吕氏春秋》编成

秦庄襄王即位三年（前247）去世，其子政继位，当时年仅十三岁，尊吕不韦为相国。号称"仲父"。那时魏有信陵君，楚有春申君，赵有平原君，齐有孟尝君，门下皆有大量宾客。吕不韦羞于以秦之强而不如人，于是也广招宾客达三千人，进而主持《吕氏春秋》的编纂，他先让其宾客"各自将他们的见闻写出来",博采先秦诸子各家学说,在此基础上加以整理、编辑,于秦王政八年(前239)成书。全书分十二纪、八览、六论,共161篇(今缺一篇),二十多万字。《吕氏春秋》因"兼儒墨,合名法",自《汉书·艺文志》开始即被称为"杂家"。事实上,《吕氏春秋》时各家学说并非简单抄录,而是取其所需,融会贯通,思想上自成体系。书中提出的统治方法和国家建设蓝图,对秦汉政治颇具影响。

《吕氏春秋》内容宏富,吕不韦自认为"备天地万物古今之事",书成之后,公布于咸阳市城门,

《吕氏春秋》书影

并在上面悬赏千金,宣称:如果有诸侯游士宾客能增加或减少一个字,就将那千金送给他,可见其书的严密和用语精当。

吕不韦自杀

秦王政平嫪毐之乱后,相国吕不韦因与嫪毐之事牵连很深,被免去相国,迁往洛阳(今河南洛阳东北)。不韦虽失权位,但宾客使者仍频繁与之来往,为其求情者络绎不绝。秦王政深恐他发动政变,乃赐书责备他,谓吕无功于秦却被封于河南,有十万户的食邑;吕与秦王宗室无亲却号

吕不韦像

称"仲父",实在是件大逆不道之事。又命吕不韦与其家属迁蜀。

吕不韦自思难免秦王诛戮,遂服毒酒自杀,其宾客舍人偷偷地将其埋葬于洛阳北芒山。秦王政得知,下令凡参与丧葬事物之人,如果为三晋之人(指韩、赵、魏三国)就逐出秦国;如果是奉禄在六百石以上的秦国官员,夺其官爵,迁于房陵(今湖北房县)。五百石以下,未参与窃葬者,不夺官爵,亦迁房陵。并宣告此后,执掌国事的官员,如果有类似吕不韦、嫪毐这种情况的,满门抄斩。

李斯谏逐客

李斯，楚国上蔡人，早年师从荀况学帝王之术，学成之后入秦，请求做秦相国吕不韦舍人。吕不韦器重李斯，任其为郎。李斯因此得以劝说秦王政：自秦孝公以来，周室卑弱，诸侯相兼并，秦乘胜而号令诸侯各国已历六世，今当及时灭诸侯，成帝业，使天下一统。如果懈怠而不迅速获得成功，诸侯重新强盛，相聚约纵，就不能兼并了。秦王十

战国屏陵矛。击刺兵器。銎口扁圆，刃部呈叶状，两脊凸起，血槽宽大。銎上有阴刻铭文"屏陵"两字。"屏陵"为地名，属楚国地域。

分信服，任命李斯为长史，听李斯的计谋，暗中派遣谋士携带金玉到各诸侯国游说，厚贿财物以离间君臣，大获成功，李斯又被秦王拜为客卿。

秦王政十年（前237）。因韩国派水工郑国入秦帮助修渠，意图以此消耗秦国的人力、物力，减轻强秦对自己的威胁，其计谋不久为秦所觉察，再加上嫪毐之乱，吕不韦免相，秦国一些宗室大臣认为别国人士来秦国做官都不是真心为秦，大都是为各自的君主来游说离间秦国的，请求全部驱逐。秦王政听从了这一个建议，下令逐客，李斯也在被逐之列，因而上《谏逐客书》。指出"泰山不让土壤，故能成其大；河海不择细流，故能就其深"；秦穆公用由余、百里奚、蹇叔、丕豹、公孙友，秦孝公用商鞅，惠王用张仪，昭王用范雎等外国之士而使秦日渐强大；而秦宫中之物非秦产者亦甚多，正是不产于秦国的东西可以成为秦国的宝贝，不出身于秦国的人才，大多忠于秦。下令驱逐门客只能有利于敌国而成为自己的祸患，不是统一大业制服诸侯的方法。秦王政采纳了他这一建议，废除了逐客令，恢复了他的官职并听从其计谋。二十多年后，秦始皇统一了天下，李斯成为丞相。

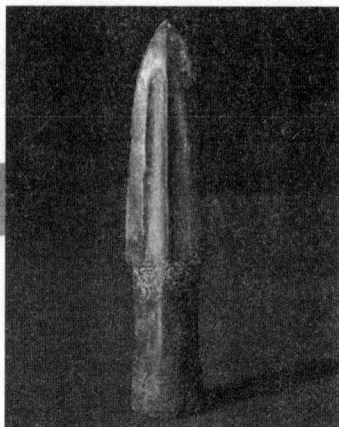

战国相邦萧戈

春平君监造赵国兵器

　　春平君为赵国封君。秦召春平君
赴请，又借故扣留春平君为人质。赵
悼襄王二年（前243），泄钧为救春
平君，在文信侯吕不韦面前说：春平
君是赵王非常喜爱的，而赵郎中因此
嫉妒，设计让春平君入秦，又料定秦

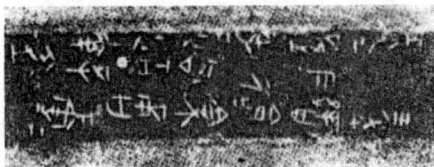
赵国兵器刻辞

必扣留之。如今秦强留春平君只会伤害秦赵关系，中了赵郎中的计谋。您不
如遣送春平君回国而留平都，春平君言行为赵王所信任，赵王因此定会割让
土地赎回平都。吕不韦听从泄均建议，春平君得以返赵。

　　从赵孝成王元年至十七年，春平君为赵国相邦。在此期间，负责督造兵器。
在现存赵国兵器中，刻辞说由相邦春平侯负责督造者，有二十余件，诸如《元
年相邦春平侯矛》《二年相邦春平侯剑》《五年相邦春平侯矛》《八年相邦
春平侯矛》，其中以十七年时间最长，出土数量也最多。兵器刻辞标明督造者、
工师、执剂各自姓氏。

　　综合来看，赵国负责铸造兵器的官署，基本上分为两种。第一种是由朝
廷相邦负责督造，下设专门主管官署"邦左库工师"和"邦右库工师"监造，
也有其他工师，但意义不解。"工师"下有冶，是具体负责制造的工匠或头目。
赵国朝廷相邦督造的兵器，由相邦、邦左库或右库工师至冶共分三级，最后
一般都有"执齐"二字，即"执剂"，这是赵国兵器中的一个较为突出的特点。
器背时常刻有"大攻尹某某"，"大工尹"是主管铸造的官吏，但有时不刻背文。

　　第二种是由地方主管官吏令负责督造，下设"上库工师"或"下库工师"，
亦有"右库工师"者，工师之下有冶。上下亦分三级，即令、上库工师和冶。
在此种刻辞款式基础上，有时将某年改作"王立事"，此种刻辞的特点，只
是在纪年方面稍作一些改变，将某王元年改为"王立事"，其他各个方面，

139

无论内容和款式，均与赵国地方主管官吏令所督造的兵器刻辞完全相同，它的款式为："×× 年，×× 令 ××，× 库工师 ××，冶 × 执济。"赵国兵器是三晋兵器的代表，是战国兵器的重要部分。

李园杀春申君

楚考烈王一生没有儿子，春申君为之忧虑，寻找了很多适宜生育子嗣的妇人献进宫中，但始终无子。赵国人李园欲将其妹进献给楚王，又恐楚王"无生育能力"，将来地位不稳，便请求做春申君舍人，把其妹献给春申君。其妹有孕后，李园让她劝春申君献她给楚王说：现在我知道自己怀有身孕，但别人不知道，不如把我献给楚王，如果有幸能生个儿子，那么你的儿子就将成为楚王，楚国就将完全属于你。春申君就把她献给了楚王，果然生了个儿子，被立为太子，李园妹被立为太后，李园也被重用。李园计谋得逞。又恐怕春申君泄露这事，

战国骑驼人形灯。器为一人跪骑于双峰骆驼的背上，两手合擎一套筒，筒内插入两节合成的灯盘。为在先秦铜器中初次发现的骆驼形象。

便暗中养了死士，想杀春申君灭口。楚考烈王二十五年（前年 238），考烈王病重，朱英与春申君谈论"无妄之福"，"无妄之祸"，"无妄之人"，请求为春申君除李园，以便尽早消除祸根。春申君以为李园生性软弱，自己又对他有恩，不听朱英劝告。朱英见其建议不被采纳，恐怕惹祸上身，立即逃跑了。不久考烈王死了，李园果然派死士杀掉春申君及全家，春申君与李园妹所生子继位，即楚幽王，李园为相。

战国四公子至此全部死亡，战国贵族政治结束，从此贵族成为没落阶级。秦以后贵族政治对中国历史没有再产生重大影响。

尉缭入秦

尉缭，大梁（今河南开封）人，秦王政十年（前237）入秦，对秦王分析天下大势说：秦国虽然强大，如六国合纵，出其不意攻秦，那么秦国就很容易被攻陷，夫差自恃强大而因此灭亡。建议秦王重金收买六国权臣，离间君臣，扰乱其谋略，灭亡诸侯，统一全国。秦王大为赏识，采纳了他的计谋，以上宾之礼遇对待他。后来尉缭居安思危，准备离去，秦王发觉后，强力挽留，任为秦国尉。秦王最终用其策略而灭了六国。

今传在《尉缭子》，计有兵法24篇。旧说为尉缭所作，但现在一般认为《尉缭子》是魏惠王时的尉缭的作品，两个尉缭都是战国时代杰出的军事家。

秦灭韩

战国时期韩国，是与赵、魏共同瓜分晋国建立的。开国君主韩景侯（名虔）是春秋晋国大夫韩武子后代，周威烈王二十三年（前403）

战国异制戟。钩刺兵器。此戟形制较特殊，援作弯勾状，上、下有窄刃，中部有脊，援后延伸似内。

被周威烈王承认为诸侯。韩原建都阳翟（今河南禹县），后韩哀侯灭郑国，迁都新郑（今河南新郑）。秦王政十三年，秦攻韩，韩派韩非出使秦国。韩非入秦后遇害。秦王政十六年、韩王安八年（前231），韩王将南阳地献给秦国。韩国的委屈求全不能换来

战国铍形戟。钩刺兵器。戈铍合体。以戈铍合体者殊为少见。

141

秦王的怜悯。秦王政十七年，韩王安九年（前230），秦派内史腾攻韩，俘虏韩王安，占领了韩国的全部土地，韩国灭亡。在秦统一的进程中，韩是最先被灭掉的东方大国。秦灭韩国的胜利为秦迅速向东方扩展开辟了道路。

韩非入秦遇害

韩非，韩国贵族，喜欢钻研刑名法术之学。韩非与李斯曾一同从学于荀子，李斯自认为比不上韩非。那时，秦国日益强盛，六国日渐衰微。韩非见韩削弱，屡次上书韩王，希望韩王变法图强。韩王不能用，韩非于是作《孤愤》、《五蠹》、《内外储》、《说林》、《说难》等文章，计十余万字。畅论治国当修明法制，去邪枉之臣，用贤明之士，才能富国强兵。

韩非像。韩非创"法、术、势"并重的统治理论，对于秦汉封建专制主义中央集权制度的形成、发展具有重大影响。

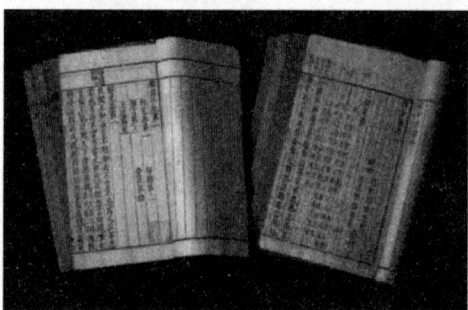

韩非的著作流传至秦，秦王政读后，十分感慨：我如果能够见到这个人并与他一起畅游，就死无怨言了。李斯告诉秦王，这是同学韩非之作，于是秦王急急发兵攻韩，求韩非。韩王遂派韩非出使秦国。秦王政十四年（前233），韩非来到秦国，秦王政很高兴，但韩非口吃，善著书而不言谈，又劝秦王先伐赵而缓伐韩。秦王终未信用韩非。李斯、姚贾因嫉妒而乘机进谗言诋毁韩非，说韩非本是韩国公子，终究为韩不为秦。如果秦王不用而放他回韩国，将给秦国留下祸患，不如杀掉他。秦王便将韩非下狱论罪。李斯派人送毒药给韩非，要他自杀。韩非希望面见秦王却不可能，被迫服毒身亡。

《韩非子》书影. 系统提出重农抑商理论的是商鞅和韩非，他们的主张被秦国定为国策。

韩非是先秦法家思想的集大成者，综合商鞅的"法"治，申不害的"术"治，慎到的"势"治，创立"法、术、势"三者合一的封建专制主义中央集权理论。韩非的法治学说，大体宗法商鞅，主张由国家制订宪政法令。大家都完全依法行事，立功者受赏，犯法者受罚，君王不可矫法徇情，如此国可大治。但韩非不满意商鞅只讲法，不用术。所谓"术"，指人君驾驭臣民的手段，韩非以为国君治国若不讲究策略就会出现弊端，容易受臣下欺骗、愚弄，因此韩非采纳申不害有关术的学说。主张人君根据才能而授人以官职，使官员名符其实。执掌生杀大权，监督深察群臣所为。韩非又汲取慎到的"乘势"说，强调权势的重要性，主张拉开君主与臣下之间上尊下卑的差距，加强和巩固君主的权力和威势，严防大权旁落。韩非这套"法、术、势"并重的统治理论，对于秦汉封建专制主义中央集权制度的形成、发展具有重大影响。因而韩非及其思想，在中国法制史、思想史和哲学史等方面，都具有一定的地位。

最早全面阐述华夏医学理论的经典《黄帝内经》问世

《黄帝内经》简称《内经》，是我国最早全面阐述中医学的名著，据令人研究，约出现于战国末期。《内经》包括《素问》和《灵枢》两大部分，各八十一篇，主要论述人体解剖、生理、脉学、病理、病因、疾病症状、诊断、治疗、预防及养生等方面的内容。书中体现的整体观、物质观念、运动变化和预防医学思想等，具有朴素的唯物主义倾向和辩证观点。

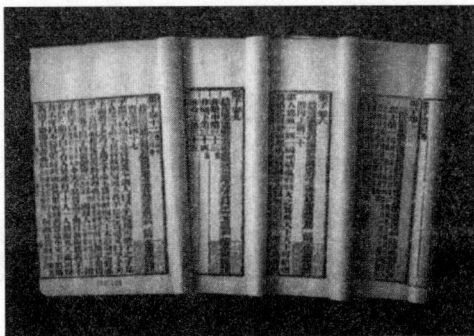

《黄帝内经素问》书影。明嘉靖年间赵府居敬堂刊本《黄帝内经素问》十二卷，遗篇一卷，原与《灵枢》合刻。这是传世的善本医书。

不仅在医学上，也在古代思想史上占有重要地位。《素问》主要从阴阳五行观念来解释生理及病理现象，它将人的五脏六腑等生理器官视为依循阴阳五行构建的一个整体，认为这个整体被破坏了，就会发生疾病。这实际上是从人体的自然物质观念来阐明人体内部脏器的相互关系和矛盾运动。《灵枢》则主要阐明针刺和灸的疗法，它对经络、穴位、针灸理论、针刺用具、针刺方法、针灸的适应症、注意点和禁忌等等，均有详细的阐述。其中按针的不同使用已有九种分类，称为"九针"。反映出我国的针灸疗法已有两千多年的历史。《灵枢》中还有尸体解剖的记载，认为食管的长度与大肠、小肠长度的比例是1：35.5，这与二十世纪初德国解剖学家斯巴特何辞所著《人体解剖学》中的测量比例——1：37几乎相等。这表明我国二千多年前的人体解剖学，即已达到相当高的水平。

在纪元以前的年代里，人类社会形成了三个理论化的医学体系，即中国医学、印度医学、希腊医学。远古中国医学以《黄帝内经》为代表，是当时理论性最强、系统化程度最完整的医学体系。它强调"天人合一"和人体自身统一性的整体论治观念，它以东方自然辩证哲学为文化基础而形成阴阳五行学说，它独具风格的"取象比类"的思维方式和经络学说，均成为中国医学最鲜明的标志。

太一雷公像。出自清人绘《先医神像册》。《内经》的大部分篇章是以黄帝与岐伯问答的形式写成的，但也有少部分篇章（如《素问·著至教论》等）是以黄帝与雷公对话的形式写成的。雷公为黄帝之臣，也通医道。

睡虎地秦简文书·秦国政法制度的记录

1975年12月，在湖北云梦城关西部的睡虎地秦墓中发掘出竹简1100多支。竹简是用细绳分上中下3道顺序编组成册。由于编缀绳索已朽，竹简顺序多已散乱，但竹简绝大部分保存完好。简文为墨书秦隶，字迹大部分清晰可辨。其内容可分为:《编年纪》、《语书》、《秦律18种》、《效律》、《秦律杂抄》、《法律答问》、《封诊式》、《为吏之道》及《日书》甲、乙种。

《编年纪》是1篇按年代编写的大事记，起于秦昭王元年（前306），止于秦始皇三十年（前217）。

《语书》和《为史之道》为训戒官吏的教令。

《日书》甲、乙种为卜筮书，含有重要的历法资料。

《秦律18种》内容广泛，包括有关农业生产、国家牛马饲养、粮食贮存、保管、发放、货币和财物、关市职务、官府手工业、官营手工业生产定额、徭役、军功爵、任用官吏、驿传、少数民族管理等。

《效律》主要是对县和都官管理的物品实行检验的法律规定。

《秦律杂抄》内容泛杂，涉及到官吏任免、限制游士、传籍、军纪、行戍等。

《法律答问》主要是用问答的形式对律文和与律文有关问题所做的解释，反映秦的诉讼制度。

《封诊式》是关于调查案件，验实案情、审讯定罪等文书程序和审理案件的具体守则。

秦简内容丰富，资料详细可信，内容广泛，涉及当时的政治、经济、文化、军事等各方面，对研究该时期的历史提供了丰富资料，对中国法制史，古文字学和考古学也有非常重要的意义。

除《编年纪》和《日书》两种外，秦简其余内容都是关于秦国政法的，墓主人喜生于秦昭王四十五年（前262），在秦始皇时担任安陆御史、安陆令史、鄢令史及鄢的狱吏等与司法有关的职务，这座墓以大批法律、文书殉葬，正是墓主生平经历的反映。它们涉及秦国政治、经济、文化、军事等各个方面。

我国古代法律，能够完整保存下来的，以唐律为最早，隋代以前的律文只有一些断章零篇。秦律是汉代九律的基础，但已基本不存。秦简保存了秦律的很多内容，对于理解中国政法史的发展有着十分重要的价值。秦国政法制度合为一体，这一方面属于行政与司法不分的范畴，另一方面也显示出秦国行政制度的法律化，南郡郡守滕在告所属官员的《语书》中特别强调以法律为行政的基础和准则，《秦律十八种》、《效律》、《秦律杂抄》涉及到农牧林业管理、商业流通控制、徭役、工程、军事及人事制度等政治、经济各个方面，将行政管理法律化。

秦国法律以苛、繁闻名，秦简中的秦律尽管不能代表秦律的全部，也已经是非常繁多的了，并且大多是关于政府行政管理的，《法律答问》和《封诊式》所记录的各种案件，也涉及社会生活的各个方面，这可以改变中国法律以刑法为中心的传统观念。虽然秦简中的秦国法律还不能说是真正的民法，但它表明秦律非常细致、丰富，并且秦国的行政制度是法律化的，这就从行政管理的角度显示了战国至秦代社会生活的各种形态。

战国

229 B.C. 秦王政十八年

秦大兴兵攻赵，围邯郸，赵大将李牧击却之。赵王信谗，杀李牧。

228 B.C. 秦王政十九年

秦将王翦击赵，大破之，尽定取赵地，获赵王迁。

赵公子嘉自立为代王。秦王如邯郸。

楚幽王卒，弟郝立，是为哀王；三月，负刍杀哀王而自立。

227 B.C. 秦王政二十年

燕太子丹患秦兵逼境，使荆轲刺秦王不中，秦杀荆轲。

226 B.C. 秦王二十一年

秦将王翦破蓟，迫燕杀太子丹，燕王走保辽东。

秦将王贲击楚，取十城。

225 B.C. 秦王政二十二年

秦将王贲攻魏，引河灌大梁，大梁城坏，虏魏王嘉，尽取其地，魏亡。

224 B.C. 秦王政二十三年

秦将王翦、蒙武击破楚军。虏楚王负刍，秦王至郢。

楚将项燕立昌平君于淮南。

223 B.C. 秦王政二十四年

秦将王翦、蒙武攻破楚军。楚昌平君死，项燕自杀，楚亡。

云梦睡虎地出土两片木牍，系名叫黑夫和惊的兄弟俩所写的家信，为我国迄今发现最早家信实物。

222 B.C. 秦王政二十五年

秦将王贲击燕，虏燕王喜。燕亡。又击代，虏王嘉，赵亡。

227 B.C.

罗马将西西里岛作为一省，是为罗马设置行省之始。以后又将科西嘉与萨丁尼亚合并为一省。

225 B.C.

罗马大批凯尔特人自波河流域侵入伊达拉里亚，罗马进军围剿之，败之于特里蒙。

223 B.C.

叙利亚王塞流古图二世死，子塞流古图三世立不久死，弟安提俄古三世嗣位，败柏加马斯，收回失土。武功甚盛，号曰大王。

222 B.C.

罗马击败侵入伊达拉里亚之凯尔特人，杀其酋长。

罗马征服意大利北部，包括米蒂奥兰努姆（米兰）。

荆柯刺秦王

荆轲，卫人，好读书击剑。曾游说卫
元君，未被信用；又游历榆次、邯郸，最
后来到燕国。荆轲在燕国，与杨屠及高渐
离等关系亲密。高渐离擅长击筑，荆轲常

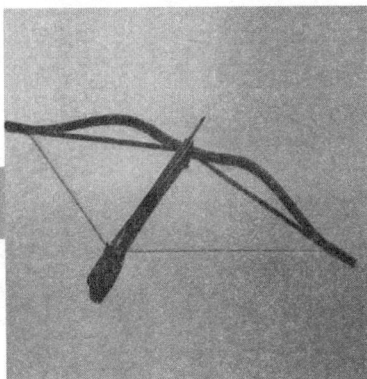
秦朝弩复原图

与杨屠、高渐离在市井饮酒，酒酣则高渐离击筑，荆轲和乐而歌，又哭又笑，
旁若无人。燕之处士田光也待荆轲很好，知他非庸碌之人。

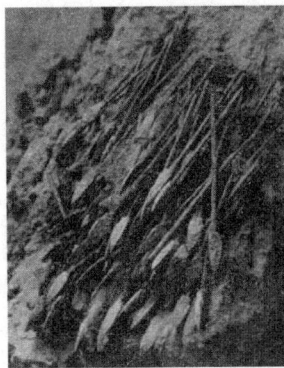
战国箭镞

燕太子丹惧怕秦国灭了燕国，且怨恨秦王政
不念友情，傲然无礼，与鞠武共谋报复秦王之事。
鞠武劝太子丹西约三晋，南连齐楚。而太子丹认为
这是长久之计，不如找人行刺秦王，鞠武推荐田光，
田光说自己已老，不能胜任，于是推荐荆轲，后自
刎而死。

太子丹与荆轲纵论天下形势。太子丹认为只
能选派天下之勇士出使秦国，最好是生擒秦王，逼
迫他交还诸侯所失国土，犹如当年曹沫逼迫齐桓公
归还鲁国领土一样；如果不行，就杀秦王，使秦国
内外相乱，君臣相疑，诸侯借机合纵，则有望击败秦国。太子丹再三请求荆
轲担当这样的重任，荆轲答应了。于
是太子丹尊荆轲为上卿，车骑美女无
不满足荆轲的欲望。荆轲提出，为使
秦王深信不疑，需要秦将樊於期之首
和燕国智元（今河北涿县、易县、固
安一带）地图奉献秦王。樊於期因率
秦军对赵国作战被打败，不敢回秦国，

汉画像石荆轲刺秦王图

147

逃奔至燕国，为太子丹宾客。秦王怨恨之极，不仅灭杀他的父母宗族子弟，还悬赏"金千斤，邑万家"，求得樊於期头首。太子丹因樊於期穷困时来投奔自己，不忍启齿。荆轲于是私见樊於期，说明借他之首既可解燕国之患，又可替他报私仇，樊於期随即自刭，太子丹伏尸痛哭，然后用木盒封好他的头，交付荆轲，又征求到天下最锐利的匕首，淬上剧毒毒药，燕王燕二十八年（前227），燕太子丹派荆轲刺杀秦王。荆轲出发时，太子及宾客都穿白衣戴白帽到易水边为他饯行，高渐离击筑，荆轲慷慨悲壮地唱到："风萧萧兮易水寒，壮士一去不复还！"唱完上车离去，始终没有回头，表示了他义无返顾的决心。到了秦国，买通秦王宠臣中庶子豪嘉，秦王在咸阳宫召见荆轲，荆轲献地图，展开地图时，卷在里面的匕首露了出来，荆轲左手抓住秦王衣袖，右手持匕首刺去。秦王惊恐万分，扯断衣袖退却，因为剑长惶恐之中未能拔出，绕殿柱而跑，荆轲紧追不舍，群臣惊愕，不知所措。秦王绕柱奔逃，将长剑移至背后，将剑拔出，击刺荆轲，断其左腿。荆轲负伤，便将匕首掷出，未能击中秦王。秦王又击中荆轲八剑，荆轲倚柱而笑，大骂秦王，后被杀。秦始皇统一天下后，高渐离借击筑之机，扑击始皇，也失败被杀。秦始皇因此"终身不再接近诸侯各国的人"。

李牧被杀

秦王政十四年（前233），秦将桓齮继续攻伐赵国，赵王任李牧为大将军在肥（今河北石家庄东南），迎战桓齮。秦军猝不及防，被一举击败。秦王政十五年（前232）秦军分南北两路攻赵，最终目标是夹

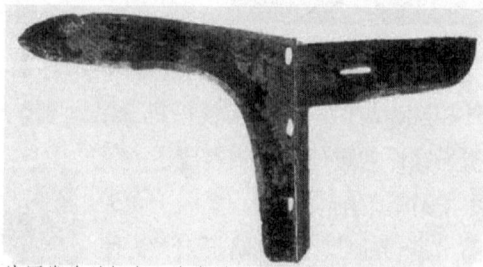

战国郑令兹恒戈。为当时三晋戈的代表。

击赵都邯郸。李牧率军采取集中力量阻击一路，打破合围的战术，阻止秦军继续东进。秦军畏惧李牧，不战而退。

赵幽缪王七年（前229），秦分军攻赵，赵王派李牧、司马尚抗击秦军，

秦使用离间计，贿赂赵王宠臣郭开，诋毁李牧和司马尚打算谋反。赵王中秦计，以赵葱、颜聚代替李牧、司马尚为将，李、司马拒不受命，赵王杀李牧，废司马尚，前228年，秦击败赵军，攻入邯郸，赵国灭亡。

秦灭赵

秦庄襄王三年（前247），秦攻取赵国晋阳。庄襄王死后，晋阳反叛。秦王政元年（前246），将军蒙骜平定晋阳。之后，连续攻赵，夺取多座城池。赵派将军李牧在肥（今河北石家庄东南）迎战，秦军败退。秦王政十五年（前232），秦发兵攻赵，取狼孟，攻番吾，李牧率领军队将其击退。秦王政十八年（前229），秦大举攻赵，王翦率上党兵，攻下井陉。并包围邯郸，赵派大将军李牧、将军司马尚抵御，秦用离间计，赵王诛杀李牧，免去司马尚，以赵葱、

战国大府镐。口沿外壁有铭文九字，记器为大府所造。为楚幽王用器。

颜聚取代领兵。次年，王翦大破赵军，攻克邯郸，俘获赵王迁，赵国亡。赵公子嘉率宗族数百人，逃到代，自立为代王，与燕合兵攻秦。二十五年，秦将王贲灭燕，攻代，将代王嘉俘获。代也灭亡。

战国大府卧牛。腹下有铭文"大府之器"四字。为楚王太府宝器。

149

秦灭楚

秦王政元年（前246），楚与诸侯联合攻秦，不成，退兵。楚都城东迁寿春，叫郢。二十一年，秦已灭韩、赵并破燕，命王贲率军队攻楚，攻战10余城后。秦王想一举灭楚，使李信、蒙恬率兵20万攻楚。李信率兵攻平舆，蒙恬攻寝，大破楚军。李信又攻破鄢郢。二军在城父（安徽亳县东南）会合，楚人追秦军三日三夜，大破李信军，杀死七个都尉，秦军败退。

秦王亲自赴频阳，请求老将王翦为将。王翦请出兵六十万，秦王答应了他，王翦出兵，秦王送至灞上。临出发时，王翦向秦王请求赐封很多良田、宅第园池等；在即将出关时，又五次派人请求封赐。有人认为这是乞贷过分，王翦则说，秦王多疑，现在以举国之兵委任于我，应当请美田以为子孙后代基业；随即率兵出关，楚人得知秦兵到来，用国中强兵抵御，王翦坚持不肯战，无论楚兵怎样挑衅，都不出兵。命令兵卒休息，每天款待美食。等到认为士卒可用时，才与楚军交战，而楚见秦军不迎战，向东撤退。王翦率军追击，大破楚军，追至蕲南，杀楚将军项燕，楚兵败退。秦乘胜追击，夺取楚城邑，一年后，掳获楚王负刍，改楚地叫郡县，楚亡。

《战国纵横家书》纪事止

长沙马王堆三号汉墓出土一部类似《战国策》的帛书，未标书名，经整理，凡27章，11000多字，定名为《战国纵横家书》。据考订，第二十七章《麛皮对邯郸君》所记之事在前354年，在本书中为最早年代。第二十五章《李园谓辛梧》为秦王政十二年（前235）事，第二十六章《见田傛于梁南》为秦王政二十二年（前225）事，是本书中年代最晚的。由此推知，此书编集当在秦统一前后，而汉初帛书抄本可能写于高祖后期或惠帝之时，上距此书编集时间只有 20 年左右。战国时期史事由此止。

《战国纵横家书》所涉及史事的时间虽然限于战国中后期，但它仍有很高的价值。第一，它多为第一手原始资料，因而更真切地反映出战国中后期的重大史事和社会特点。第二，它的 27 章中有 17 章不见于《战国策》，因而可据此补充或订正后人对于战国史事的记载。关于这书的性质，有人说是《战国策》的前身，有人说是战国纵横家言的一种选本，但把它定名为《战国策》的别本更为贴切。

西汉帛书《战国纵横家书》（残页）

秦灭魏

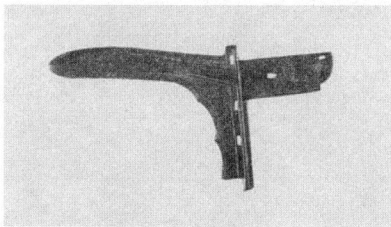

战国燕王职戈。胡上有铭文六字，记此戈系燕王职所作，为其御司所用。

秦王政三年（前 244），将军蒙攻魏。五年，攻战酸枣、燕、虚、正平、雍丘等二十余城。九年，秦将杨端和伐魏、攻取衍氏。十六年，魏妥协，献地于秦。二十二年，秦将王贲攻魏，引河水灌魏都大梁，大梁城坏，魏王投降，秦灭魏。

秦灭燕

秦王政二十年，燕王喜二十八年（前 227），燕太子丹派遣荆轲刺杀秦王失败。秦王大怒，发兵增援原已屯军中山待命攻燕的秦军，令王翦、辛胜为将，大举伐燕。燕军与代王嘉的部队联合抗秦，在易水以西被击败。次年，秦王又发兵增援秦将王翦军。王翦一鼓作气，再次击败燕军，攻克燕国都城蓟（今北京），燕王率兵徙居辽东，献太子丹之首。秦王政二十五年（前 227），秦派王贲为将，率兵攻燕辽东，俘获燕王喜，灭燕国。

151

秦镶嵌云纹弩机。远射兵器构件。弩机由牙(上有望山)、牛(钩心)、悬刀(扳机)、拴塞及廓组成。悬刀一侧有篆体铭文十一字,记作弩于秦王政廿三年(前224)。

秦统一形势图

郾王喜矛。战国时最后一位燕王喜自用兵器。